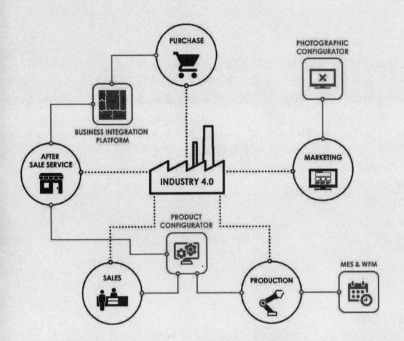

兔哥◎主编

李茗　王永宗◎参编

INDUSTRIE 4.0

大话工业4.0

开启中国制造文艺复兴与商业新机遇

每个人都能读懂的工业未来

机械工业出版社
CHINA MACHINE PRESS

工业 4.0 概念虽然源自德国，但是如今已经成为中国政府、学界和商界共同关注的一个话题，它对于我们中国制造转型升级的成败具有非常关键的意义。而从历史的规律来看，每一次工业革命都必然以一次文艺复兴为先导，只有解放行业内的思想、吸引行业外的关注，跨界融合，提高势能，才能开启真正的技术革命。本书作为一本大话科技读物，以活泼的语言风格，深入浅出地为读者描绘了一幅工业 4.0 的全景图，开启中国制造文艺复兴与商业新机遇，为响应党中央号召，塑造中国制造先进文化贡献力量。

图书在版编目（CIP）数据

大话工业 4.0：开启中国制造文艺复兴与商业新机遇 / 兔哥主编.
—北京：机械工业出版社，2016.7（2017.1 重印）
ISBN 978-7-111-54517-0

Ⅰ．①大… Ⅱ．①兔… Ⅲ．①制造工业-研究-中国 Ⅳ．①F424

中国版本图书馆 CIP 数据核字（2016）第 189714 号

机械工业出版社（北京市百万庄大街 22 号 邮政编码 100037）
策划编辑：时 静 责任编辑：於 薇
责任校对：张艳霞 责任印制：李 洋
保定市中画美凯印刷有限公司印刷
2017 年 1 月第 1 版 · 第 2 次印刷
169mm×239mm · 17 印张 · 1 插页 · 161 千字
6001—7800 册
标准书号：ISBN 978-7-111-54517-0
定价：49.00 元

作为一名高中教师，工业 4.0 这种概念好像离我很遥远，直到看到学生这本书的初稿，让我作为一个小城市的非专业人士，居然也能轻松愉快地触摸到科技的未来。

十多年前我传授给兔哥关于数学的优美历史，今天他带我一起去看数字化未来。

——兔哥的高中数学老师 孙玉华

谨以此书献给在人生道路上帮助过我的每一个人。

——兔哥

本书中观点仅代表作者个人，不代表西门子及乐视官方。

推荐序 1

recommend

　　最近两年，"工业 4.0"这个来自德国的新词汇越来越流行，不仅仅是工业圈，互联网界也对此非常关注。按照这个概念定义下的发展趋势，未来工业要通过数字化工厂和智能产品来建立高度灵活的生产，并将为每一位客户提供个性化的服务。在这个过程中，传统的行业界限将消失，并会出现各种新的活动领域和合作形式，硬件的价值将被服务所替代；创造新价值的过程将发生改变，所有产业链的分工都将被重组。

　　在传统工业时代，甚至在传统的互联网时代，创新驱动都是依靠不断进行的专业化分工来实现的。但当这种不断细化的分工发展到极致之后，却对创新造成了极大的阻力。而在未来的工业 4.0 时代，企业的生态创新将成为趋势，制造业和互联网企业的界限会越来越模糊，生态化反将成为所有企业的必然选择。目前，乐视横跨了七个产业，通过垂直整合下跨产业链价值重构打破了产业边界、组织边界和国家边界，创造出了全新的用户体验和更高的用户价值，这也是我们在工业 4.0 领域的一点探索。

　　本书的作者之一李茗，是乐视的一名资深员工，在企业生态方面有非常深入的理解。本次他与工业圈的"网红"兔哥、西门子公司的王永宗先生共同合作，用非常有趣的视角和故事性的语言，深入浅出地构建了工业 4.0 时代的一幅全景图。书中提到的工业 4.0 六重天：智能生产、智能产品、生产服务化、云工厂、生态化反和黑客帝国，与乐视近年来的许多探索不谋而合。特此向大家推荐此书，我也非常希望乐视在这个领域中的一些经验，能够通过此书分享给更多制造业的朋友，为中国制造的转型升级提供一些有用的借鉴。

乐视网首席技术官、乐视云董事长　杨永强

推荐序 2

recommend

数字化话题对于当下的商业界而言非常重要，同时将对经济和社会产生越来越大的影响。数字化深刻地影响着供需双方的行为模式，消费端选择更加灵活、需求更加多样。而作为供给侧的制造业面临着灵活和多样性的压力，正在迎来一场来自消费端的逆袭和革命。

这场革命是随着数字化的兴起而悄然开始的。2000 年之前，全球产生的新信息总量约为 2 艾字节，而现在每一天都有这个规模的数据产生。预计到 2020 年，全球数据总量将增长至 2013 年的 10 倍。我们的经济环境正在发生转变，在各行各业的变化过程中，数字化正成为一个关键因素。对于企业而言，紧跟数字化浪潮并快速适应瞬息万变的市场非常重要。

数字化随着消费品市场的变化而快速膨胀。从购物中心到中国最大的网购平台淘宝网，从传统的电视到中国领先的视频分享网站优酷，数字化以互联网为载体，正改变着我们的日常生活。

作为供给侧的制造业开始被动地感受到大数据时代的来临。全世界正前所未有地紧密联系在一起，不仅深刻地影响着我们生活的方方面面，也影响着能源、交通、楼宇和产品等生产制造领域。物联网是制造业供给侧改革非常关键的部分。通过物联网，机器和人能够协作和互动。这种互通互联将为提高能源效率、增强制造业生产力，以及改善城市应对突发事件的能力带来新的机遇。

随着变革的深入，供需间复杂的价值网络初步形成。这种初见端倪的模式，既缺少理论模型，也缺少技术模型。一场工业革命正在被召唤。

从 2012 年美国提出"工业互联网"开始，英国、日本及德国相继提出自己的未来价值网络理念。其中，德国作为制造业强国对我国具有非常大的借鉴意义。

2014 年，德国大力推行"工业 4.0"。而中国梦不仅要在关键领域实现跨越式发展，而且也要升级我国的制造业。由此中国政府提出了"中国制造 2025"国家规划。尽管名称有所不同，但是其背后的使命是相同的，就是要在不断变化的工业领域保持国家竞争力。在"中国制造 2025"蓝图之下，从数字化、信息化到智能化的各个领域，一场我国积极投入的工业革命正在发生。

本书作为科普读物，沿着历史的轨迹，重新梳理供需变革，脉络清晰，生意盎然。本书的主编阚雷先生和王永宗先生，同出身于西门子公司，并把自己的理解梳理和分享出来，这是一件对行业很有益的事情。我们也希望未来能够有更多业界的同仁，一起投入数字化时代的浪潮中，为促进中国的可持续发展贡献力量。

天津炬联众慧科技有限公司董事长　潘浩
西门子矿山行业前总经理

前言

preface

好了，就从这里开始写起吧！

算起来，从意外成为中国工业圈的第一个"网红"，被千万圈内人士捧场至今，我也写了好几十万字的东西了，主要是自己对中国制造业的一些想法，偶尔也评论下时事热点。最初只是自娱自乐，结果捧场的越来越多，不但在网络上有一些支持者，而且不少政府机关、高校、行业协会也邀请我去演讲，跟大家聊聊中国制造的未来。于是，我就有点飘飘然起来。客观地说，我写东西的态度不是太认真，知识的搬运工，想起哪块写哪块，数据材料也未经过严谨的考证，所以距离一名真正的学者，我还真是差得很远。

机械工业出版社的书稿邀约给了我一个系统整理自己的散碎思路，把它们变成一套完整的理论框架的机会，所以我也希望借助这本书的编写，把自己的理论水平提升一个台阶。

这本书从策划到成文大概历时半年左右，先是纵贯了从大航海和文艺复兴时代，一直到工业 1.0、工业 2.0、工业 3.0 和工业 4.0 的全部历史脉络。接下来把镜头拉远，分别讲述了国际制造业的"两强一大四枭雄"这七个国家所面对的问题，以及各自的战略选择。然后，我又系统地讲述了德国工业 4.0 六重天和美国工业互联网四境界的演进路线，以及我自己亲身参与的一个工业 4.0 项目的实施过程。最后，从中国制造文艺复兴、工匠精神与工匠制度，以及未来工业的发展趋势几个方面，谈了自己一些个人思考。应该说全书内容并不深奥，但是框架和体系性还比较好，适合关注工业 4.0 的朋友在脑中建立一个工业社会全景图。

由于我早年读了太多技术性很强的书籍，因此总觉得技术没有那么难懂，只是有些人非要把它们写得很生涩，以此来建立一个行业门槛。我很痛恨那些故作高深的写法，其实科技本身很有趣，所有的科技文章都可以写得很好看。我希望自己的这本书，让文科生也能轻松愉快地读懂。

作为一名"网红"，我更擅长写几千字的短文，这是初次写一本十几万字的书籍，驾驭能力还有不足，希望各位读者多多指正。

感谢机械工业出版社计算机分社的胡老师和时老师在成书过程中给予的指导和帮助。感谢我的两位合著人，西门子公司的王永宗先生和乐视的李茗先生对本书的贡献。同时感谢我特邀的两位90后青年才俊，张颂羔同学和彭丹琳同学，在本书成文后给出的修改意见，对于年轻人的意见，我总是非常重视的。

我一直觉得这世上有两种事很有趣：一种是一本正经的胡说八道，另一种是嬉皮笑脸的意味深长。

我们是一本严肃的科技读物。

兔哥　2016 年 5 月于北京

目录

Contents

　　世界变化太快，未来扑面而来。大数据、云计算、人工智能……遍地的新科技，搞得我们这些从事传统行业的人都被打蒙了，我们不知道前面等着自己的是什么，也不知道哪里就是万丈深渊。但是兔哥觉得，很多人之所以看不懂眼前的事情，是因为他只看眼前的事情。所以当我们往前看不到新一次工业革命的方向时，不妨回头看一看，把每一个孤立的历史事件放回到它当时的情境中，看一下工业革命之前，农业大圆满时代都发生了什么。我们也许会在昨天发生的事情里找到明天的答案。

第一章

说楔子敷陈大意，借野史隐括全文

第一节
当局者迷——新问题常是老问题

> *"你能看到多远的过去，*
> *就能看到多远的未来。"*
> ——英国前首相 丘吉尔

2010年时，我还是西门子公司的员工，除了上班赚钱、下班回家，算不上有多大的眼界和格局。不过作为一名中国制造的局中人，其实那个时候我心里就隐隐约约有一丝不安，因为我知道中国制造业已经出了严重的隐忧，产能过剩、质量不过关的问题已经开始显现出来。好在当时因为世界整体经济环境尚可，出口情况还不错，再加上一系列的经济刺激措施，才让很多问题都没有暴露出来。

而从2014年开始，全球经济持续疲软，外部需求不足，实体经济以往积聚的问题越来越显现出来，很多地方的制造业企业家已经明显感觉到了订单量的下滑。中国制造开始面临产业结构和需求不足的严重问题，虽然我们采取了种种措施，并且取得了一定的成果，但是按照《人民日报》权威人士的预测，中国经济，尤其是制造业经济，可能要呈L形走势，进入一个新常态。

有意思的是，几乎在同一时间，互联网经济在中国奇迹般崛起，一片繁荣。我本人大概是在2012年，抓住了比特币的历史机遇，从制造业跨界进入互联网和创投圈的。互联网最初还只是一个很小的产业，可是从2013年开始，这个行业突然急剧升温，千万级、亿级的互联网创业公司融资新

闻几乎每天都有。

我当时的感觉就是，互联网股票疯狂了，中关村创业大街的创业者疯狂了，连一向稳健的风险投资人也疯狂了。

天猫 2015 年双十一当天成交 912 亿元，比 2014 年同期增长了 60%，这是很多干了 30 年的企业一整年都做不到的销售量；滴滴出行三年颠覆出租车行业，现在很多地方不用打车软件甚至已经拦不到车了，出租车公司的司机整队整队地辞职变身专车司机；乐视的超级电视横空出世，在很短的时间内销量就突破了数百万台，征伐天下多年的老牌电视机厂商遭到冲击；视频直播软件映客，一个主播仅仅是直播自己吃饭的过程，每月收入居然可过百万。

互联网风潮在短短三年时间里席卷了整个中国，我有时觉得它甚至已经不再像是个技术，更像是一个神话。

一冷一热，冰火两重天，这就是整个中国经济的现状。

这个时候，我忽然看到很多老一代企业家开始热衷于各种互联网转型，去参加各种各样价格不菲的互联网思维培训班、互联网转型论坛，你要不说两句互联网思维都不好意思跟人家聊天。转型已经成了一种时髦的口号和潮流，我甚至曾经见过一名安徽的企业家跑到北京中关村泡了一个月的创业咖啡学互联网，还跟我说他愿意把过去 30 年赚到的全部身家都砸进去，换取一次互联网转型的机会。

我自己也经常应邀去讲这类课程，可是我在授课过程中仔细观察了一下，这些披荆斩棘许多年的老一代企业家，内心真的特别认可互联网思维吗？

其实未必如此。

　　我觉得更多的原因是，进入 21 世纪以来，整个中国面临的国内外环境已经开始悄然变化，但是因为种种原因这些变化没有显现出来。而到了近两年，这个在中国市场积聚了七八年的市场变化，在一个非常短的时间内迅速爆发出来。制造业对环境变化的适应本来就慢一些，再加上一些媒体的渲染而急剧放大了这种变化，导致中国制造业的一些企业家被打蒙了。很多能力原本就不足，依靠规模扩张的制造业企业家，如今就像一个要沉入水底的人，他们只能牢牢地抓住互联网转型这根救命稻草，希望能够活下来。

　　作为一个从制造业跨入互联网圈，获得财富后又从互联网杀回制造业的"老炮儿"，过去的一年里，我拜访了 512 家制造企业。在我看来，很多制造业企业家所谓的互联网转型根本不具备真正的互联网精神，不过是新瓶装旧酒，多找一个渠道卖东西而已。对于这样的转型，我觉得就是鸠摩智用道家的小无相功强行催动少林的 72 绝技，表面上威力无穷，实则危害至深。

　　在这样的转型下，我们的老一辈企业家就像玻璃窗外的飞蛾，你学了这么多互联网思维，你交了这么多学费，你明明白白地看到了那些美好的未来，可是你永远都飞不过去。

　　今天，对于整个中国制造业来说，我们好像面临着一个全新的未知的世界，我们不知道在这样一个时代变化的浪潮下如何做个人选择；我们也不知道哪一步走错了，前面就是万丈深渊。

　　但是，这个世界真的是全新的吗？

　　人类历史的每个周期，当我们身处其中的时候，都看不清楚全貌，因为我们只是盲人摸象，沉迷于自己的角度不能自拔。

但是回头纵观历史，好像都有一定的规律在里面，过去在发生的事情今天还会发生。尽管技术条件突飞猛进，但是商业的规律总是相似的。只是我们人类作为万物之灵有一个毛病，总是觉得自己面对的世界是独一无二的，其实很多事情别人都经历过，要么成功过，要么失败过，遗憾的是我们总在历史的巨轮上，不断重复前人的错误。

所以，在形形色色的问题中，区分哪些是新问题，哪些是老问题，这才是最关键的问题。

我非学者，非文人，只是个商人，所以跟大部分工业 4.0 领域的学者不同，我不太喜欢只从技术的角度去理解工业 4.0，我更愿意从历史演化和经济学的角度，带大家一起来研究一下工业 4.0 的概念，以及它将推动社会发生何种变革。

正因为我爱说历史的这个习惯，所以总有人跟我说："兔哥你能不能别老讲什么历史，讲讲我们眼前看得见摸得着的事情行吗？"

对此我只能淡然一笑，很多人之所以看不懂眼前的事情，是因为他只看眼前的事情。所以当我们往前看不到答案时，不妨回头看一看，仔细研究一下历史，看看社会是如何一步步地从工业 1.0 发展到今天的工业 3.0 的。而且我们既要看热闹，又要看门道，不但要研究历史的事件，而且要琢磨一下这些历史事件的内在逻辑，也许我们能从这些历史的演进中得到启发，找到今天问题的答案。

所以作为一本严肃的科技读物，虽然是讲工业 4.0 这个后起之秀的，但我还是要花很大的篇幅来给你们说说前面那三个老家伙——工业 1.0、2.0 和 3.0 都是怎么来的。

这个故事，我们还得从工业革命开始说起。

工业革命这件事，并不是某一天早晨，英国的领导们吃早点时一拍脑袋规划出来的，在它正式到来之前，整个欧洲发生了两件非常重要的事情。

第二节
开天辟地——大航海时代

> "世界是属于勇者的！"
> ——航海家 哥伦布

《圣经》里说："让富人进天堂，比让骆驼穿过针眼还难。"因为按照基督教教义，一名虔诚的基督教教徒是不能太爱钱的。

但虔诚的基督徒克里斯托弗却肯定不同意这个观点，因为他需要钱，很多钱。

像克里斯托弗这样后来很了不起的人物，如果出生在中国，很可能会伴随着一些电闪雷鸣、红光满地之类的异像。

如果他小时候再聪明点，那么一定会有某个读过书的邻居冒出来，指着他大喊："哇，你将来肯定是治世之能臣啊！"

可惜，他是个意大利人。

所以他也只好悄无声息地来到这个世界了。

克里斯托弗的父亲是一个小有名气的纺织匠，小克里斯托弗很早就在家里帮工，也没怎么读过书。不过他纺织的手艺实在不怎么样，所以老克里斯托弗只好派他出去，摆摊卖织好的成品。

摆摊的地点，是热那亚的港口。

那个时候，意大利还不是一个统一的国家，克里斯托弗的家乡热那亚就是一个没有国王的共和国，也是地中海最繁华的贸易港口。

小克里斯托弗带着他的商品穿梭在帆樯林立、人来人往的热那亚港。每天数以万计的船只在这里停泊，肤色不同、着装各异的行人在这里路过。宏伟的交易所和银行、船员们娱乐的酒吧和旅馆、千奇百怪的海上见闻、异国的香料、海产品的腥臭……都给小克里斯托弗留下了深刻的印象。

生活在这里的热那亚男孩对财富都有极度的渴望，希望有朝一日能有自己的船只，把东方各国的珍宝运到欧洲各地，换成无数的黄金。

不过这些都与克里斯托弗无关，因为他只是一个手艺精湛的纺织匠的儿子，所有的人都认为他将来也会成为一个优秀的纺织匠。

但命运总会在你猝不及防的时候开一些玩笑。

老克里斯托弗意外经商失败，被人逼债上门，急火攻心，悲惨离世。

少年丧父，又失去了稳定的生活来源，没有了依靠，小克里斯托弗非常痛苦，只能在深夜里一个人哭泣。

少年呦，今天我拿走你的一切，只因为将来我要给你一样王侯将相都梦寐以求的东西：

名垂青史。

你的名字是：

克里斯托弗·哥伦布。

目睹了父亲的悲惨结局，让小哥伦布从此对稳定经商的生活失去信心。

反正父亲那种看似稳定的生活也有不测风云，那还不如趁年轻再搏一下，去找远方那无限的财富吧。

哥伦布再次感受到了内心的召唤，以及来自海洋和遥远东方的召唤。

不过，他此时还没有成为一名航海家，他只是成了一个三流海盗。

25岁的哥伦布加入了一支法国的海盗船队，开始了自己在海上的传奇一生。

只是这传奇的开头实在不怎么顺利。

成为海盗后没过多久，在一次攻打商船的战斗中，哥伦布的船起火下沉了，他只好跳海逃生。

但落海的哥伦布没有淹死，抱着船的残骸，他居然游到了葡萄牙！这好像有点不科学，但是总比出生时霞光满天听起来靠谱些，所以我们就姑且相信这是真的。

而当时的葡萄牙，是一个冒险家的国度。

在这里，哥伦布开始学习使用罗盘、海图和各种新航海仪器，获得了怎样利用太阳、星星的位置来确定船的位置的方法，并且随船参加了多次远洋旅行。

在这里，纺织匠哥伦布、三流海盗哥伦布终于成长为航海家哥伦布。

那个时候，奥斯曼帝国阻断了东西方贸易通道，欧洲国家迫切需要寻找一条新的贸易路线，以获得东方的香料和丝绸。航海事业因而就成了欧洲各国的"国家战略"和重点扶持发展的"高新技术产业"，整个欧洲都吹起了一股"大众航海，万众远洋"的风潮。作为一个年轻人，哥伦布抑制不住自己内心对财富的渴望，所以决定也赶一回时髦，加入创业的大潮。

于是，航海家哥伦布又变成了创业者哥伦布。

跟今天一样，成为创业者的第一件事，是写一份商业计划书。

项目愿景:

我们要去完成一项发现"新天新地"的使命。

行业痛点:

自古以来，西方通向东方的贸易路线只有两条:

其一是陆上贸易通道，古代叫"丝绸之路"，我们今天发展为"一带一路"。简单地说，就是跟唐僧取经一样，你挑着担我牵着马，穿越沙漠，跨过千山万水，才能到达中国。

其二就是始于埃及和伊拉克的海上贸易通道。简单来说，就是先走陆路到中东，从那里出海，渡印度洋先到印度，再绕到中国来。

东西方贸易的陆上通道一直都控制在穆斯林手里，由于十字军的几次东征，基督徒和穆斯林的关系非常紧张，所以只要运送商品，就不得不遭受沿途关卡的层层盘剥;而海上通道也因为奥斯曼帝国对威尼斯港口的入侵而岌岌可危，所以整个欧洲都急迫地需要找到一条通往东方的新商路。

团队介绍:

哥伦布和他的朋友们。

职业经历: 海盗，水手，航海家。

产品方案:

因为地球是圆的，所以我们向西出发，绕地球一圈，一定可以找到中国。

如果说前面还算靠谱，那接下来的方案你看了可能会有些无语。

《旧约》经外书中记载到:"到了第三天，你应将水集合于大地的第七个部分，使其余的六个部分干涸。"哥伦布就根据这个故事做出判断，认为

欧亚非三个大陆的面积占地球总面积的 6/7，而海洋只有 1/7。然后他从自己所在的位置出海，航行了一个经度，算出距离，然后乘以 80，就是到中国的距离了……

发现问题了吗？

家里有地球仪的都知道，地球是有大圈有小圈的，纬度高的地方圈小，纬度低的地方圈大。而哥伦布所在的欧洲是高纬度的小圈，同样一个经度的距离，会比赤道所在大圈的经度距离短很多。

所以，创业者哥伦布的商业计划书里，把自己要走的路程估计短了许多。短了多少呢？半个地球……

融资金额：

一年用的粮食，三艘船附带船员，封哥伦布为骑士，并且担任新发现地方的总督，分得该地一切财富的 1/10。

接下来是计划书最后一页：谢谢！

好了，不管怎么说，计划书写完了，就要拿去融资了。那时也没有天使和 VC（风险投资），唯一出得起这么多钱的投资人，就是王室。

但是，王室不是创业大街 36 氪空间，开门笑迎天下创业者。哥伦布只是个草根创业者，出身低微，连王宫的门都进不去，更别说想路演一下，讲讲创业计划了。

那怎么办呢？历史告诉我们，天无绝人之路啊。

原来我们的哥伦布先生除了会航海，还是个大帅哥！

哥伦布属于那种"明明可以靠颜值，却偏要靠才华"的人，放到今天估计也可以参加一个偶像天团。他经常到贵族女儿们住的修道院做礼拜，

与一位贵族大小姐相识并坠入爱河，两个人很快就结婚了。而凭着这一婚姻，哥伦布终于得以同王室接近。

看来长得帅在哪个年代都有用啊，兔哥只能先去哭一会……

1478 年，27 岁的哥伦布第一次向葡萄牙王子裘安兜售自己的计划。

但被拒绝了。

1482 年，裘安王子当上国王后又想起了这事，再次召见 31 岁的哥伦布，并召开学者评价会来审查哥伦布的计划。

学识渊博的学者们很快就发现计划书里错误百出，再次否决了提案。

接下来哥伦布又四处碰壁了两年，已经 33 岁了，奔走了这么久，眼看着自己就要变成老帅哥，可创业融资的事仍然没有进展，他开始感受到了命运的煎熬。

但是他不知道，还有一个更大的煎熬在等着自己。

他深爱的妻子去世了。

身心俱疲的哥伦布带着独生子离开葡萄牙，来到了刚建立不久的西班牙王国。

这里，是那个注定要带给他荣耀的地方。

哥伦布到西班牙后，继续兜售他的创业计划。一年后，西班牙国王和皇后终于召见了他。

这个时候的哥伦布已经不再是年轻时那个张狂的小伙子了，35 岁的他忠厚、自信，拥有丰富的地理知识，给国王和皇后留下了很好的印象。

西班牙刚刚立国，很想在开辟航路的竞争中击败葡萄牙，所以对哥伦布的计划很感兴趣，并责成一个由海员和学者组成的委员会研究他的计划。遗憾的是，当时的西班牙皇家学会办事效率太低，用了两年去研究，毫无

音信。因为等得不耐烦，37 岁的哥伦布又回到了葡萄牙，试图从国王约翰那里得到支持。

可是，因为他多年融资未果，竞争对手已经走得比自己快了。

葡萄牙航海家巴托洛门·迪亚士绕过非洲南端的好望角后胜利归来，打开了一条从非洲西海岸进入印度洋的新航线。葡萄牙国王因此认为，东行到达亚洲的航路已通，于是对哥伦布的计划就失去了兴趣。

接下来几年里，哥伦布又去游说英国国王和法国国王，都被拒绝。

1490 年，哥伦布 39 岁，研究了 4 年的西班牙皇家顾问们终于正式宣布：他的计划不切实际。

海洋，东方，12 年了，到这里，我只能止步了吗？

西班牙，王室议事厅。

伊莎贝拉女王，这是一个曾颠沛流离却雄才大略的女人，与她的丈夫一起统一了分裂千年的西班牙，并成为共治君主。她一言不发，冷冷地看着皇家顾问们再一次为哥伦布的计划争吵不休。

这些人名声显赫、知识渊博、理智严谨，一切都很不错。

可是，他们老了。

在这些顽固的老头子的眼里，所有有瑕疵的计划都不靠谱，都有风险。

他们只知道什么是 No，而不能告诉我什么是 Yes。

依靠他们，我永远也找不到中国。

女王又想起了庭前召见时哥伦布的那双眼睛，那是冒险家的眼睛，那是创业者的眼睛。

议事厅里还在争吵，女王却已乾纲独断。

去吧，哥伦布，去找中国。

我们是一个新建立的国家，没有多少钱，但是我愿意陪你豪赌这一局，为了东方珍贵的香料、遍地的黄金。

为了属于王室的光荣。

1491 年，40 岁的哥伦布得到正式通知：伊莎贝拉女王当掉了自己的首饰，私人资助他进行东印度群岛探险，并封他为海军大将军衔！

命运之神，终于向他露出了微笑。

1492 年，西班牙南部的巴洛斯港人声鼎沸、鼓乐齐鸣，41 岁的哥伦布站在甲板上，岁月在他英俊的脸上刻下了坚毅的痕迹，此时的他意气风发，双目炯炯有神。

他眼中浮现了纺织厂慈爱的父亲，热那亚港口的小伙伴，海盗船上的同袍，漂亮温柔的妻子……

然而，这一切普通人生命中的温暖与幸福，都已离他远去。

他剩下的目标只有一个——东方的中国！

"起锚！"将军哥伦布发令。

一片欢呼声和鼓乐声中，三艘帆船缓缓离开了码头。

这些船员都没有想到，他们正在进行的，是人类历史上最伟大的一次航海。

哥伦布没有找到中国。

他四次出海，都没有找到那个梦中遍地黄金的地方。

他只找到了一片陌生的土地，至死他都坚称这里是印度。

历史记载，航海家哥伦布发现了美洲新大陆。

所以这个故事的结局是，伊莎贝拉女王用一盒首饰的投资，换来了美洲蕴藏的巨大财富，使年轻的西班牙一跃成为世界第一海洋强国。

这就是最早的天使投资故事。

以这个故事开头，是因为今天经常有一些工业 4.0 领域的创业者跟我说，我有一个长远高明的规划：做一个大平台，让用户在平台上给我打工，然后我就是马云了。

这种话我一点都不信，因为真正的创新靠的绝不是一开始那个看似完美的战略。

哥伦布这段创业史的真相是，少年丧父，青年丧妻，历时 13 年的融资奔走，几百次被拒绝，12 年的航海探索，无数次死里逃生，成就了人类历史上最伟大的航海家。

哥伦布，我更愿意叫他创业者哥伦布。

无论前路多艰难都要咬紧牙关，留住一口真气不散。

中国制造最缺的，唯有这"坚持"二字。

向所有还在梦想路上前行的创业者和投资人致敬。

然后，让我们记住这些名字：

克里斯托弗·哥伦布、瓦斯科·达伽马、佩德罗·阿尔瓦雷斯·卡布

拉尔、胡安·德拉科萨、巴尔托洛梅乌·迪亚士、乔瓦尼·卡波托、胡安·庞塞·德莱昂、斐迪南·麦哲伦、胡安·塞瓦斯蒂安·埃尔卡诺。

他们共同开启了人类历史上的一个新时代——大航海时代。

人类文明从此昂扬向上，不可阻挡。

几乎与大航海时代同时，欧洲的艺术家们在另一个战场上也奏响了工业革命的序曲。

第三节
千古疑团——文艺复兴

> "我不想用画笔来捕捉世界，
> 我想改变它！"
> ——艺术家 达·芬奇

在巴尔干半岛东端，有一个气势恢宏的城市，北、东、南三面环海，只有西侧与陆地相连，地势险要，易守难攻。

自君士坦丁大帝东迁以来，这里就是东罗马帝国的国都——君士坦丁堡。

1453 年的一个清晨，君士坦丁堡的上空突然炮声隆隆、硝烟弥漫，全城笼罩在一片战火之中。奥斯曼土耳其帝国的苏丹穆罕默德二世全身束甲，手持利剑，率 20 万大军和 300 艘战船御驾亲征，旌旗遮天蔽日，围困了这座古城。

"真主啊，我一定要拿下这座基督教的圣城，把它献给您，作为全世界穆斯林的中心。"穆罕默德虔诚地祈祷。

炮轰、海战、地道、云梯……51 天的激战之后，城堡终于被打开了一个缺口。

"英勇的战士们，虔诚的穆斯林们，我给你们一座建筑宏伟、人口众多的城市，真主将赐予你们无人可比的财富。现在，把火绳到你们的枪头上，冲进去吧！"穆罕默德二世高呼。

此时，君士坦丁十一世正在宫内收拾东西准备逃跑。

他看了自己的王国最后一眼，这是延续了 1000 多年的东罗马帝国，世界三大帝国之一。

现在，这里到处飘扬着土耳其人的旗帜了。

皇帝陛下脱去华丽的衣服，带着随从往宫外逃去，路上突然看到几个土耳其士兵抱着一大堆抢劫的财宝向前奔跑，破碎的艺术品散落了一地。

那些都是东罗马皇室传承千年的珍宝啊！

这一刻，王族的血液突然在他的身体里沸腾，这个昏庸胆小的皇帝，这个试图拿所有国土跟土耳其人换取首都安宁的皇帝，这个城一破就不顾一切抱头鼠窜的皇帝，人生中第一次感受到了君王的尊严。他不顾一切地

冲了上去，用王的宝剑把那几个强盗刺倒在地。

然而正当他转身要离开的时候，被一个土耳其士兵从后背一刀砍倒。

他倒下时最后一眼看到的，是被烈火焚烧的希腊古画。

1453 年，东罗马帝国覆灭，皇帝被杀死，壮丽奢华的宫殿付之一炬，历代相传的艺术珍品化为灰烬。所有的基督教偶像都被从教堂里搬了出来，换上了伊斯兰教的神龛，全城最大的圣索菲亚教堂改建为清真寺。

从此，这座城市更名为——伊斯坦布尔。

几个月前，在土耳其人日夜不停地向君士坦丁堡进逼时，有一群东罗马帝国的学者，为了躲避战火，举家迁往西欧。

这些人一路向西，来到意大利的佛罗伦萨城定居下来。为了开始新的生活，他们在大学者克里梭罗拉斯的带领下，在佛罗伦萨办了一所学校，取名"希腊学院"。

他们没有想到在黑暗的中世纪中点亮了思想的烛光。

在这所学校里授课的都是东罗马的学者，讲授的是古希腊的哲学、历史和文学。生活在中世纪的欧洲人，95%都是文盲，除了教士们讲的《圣经》外，他们从来没接触过其他的故事，也从来没有听到过古希腊经典这么优美的文学艺术，这么丰富的学术思想。

如同我们今天突然看到互联网思维大开眼界一样，一大群佛罗伦萨当地的青年纷纷赶来听讲，并在这所学校里成长为爱好古典文学艺术的学者。从此，以佛罗伦萨为中心，"希腊学院"的影响扩大到了整个意大利半岛，形成了一股"希腊热"。慢慢地，这股热潮又扩散到了法国、德国、西班牙、尼德兰和英国，整个西欧掀起了汹涌澎湃的"文艺复兴"。

文艺复兴这件事，教科书里说得挺宏大，什么文艺复兴三杰——达·芬奇、拉斐尔、米开朗琪罗，文学、戏剧、哲学、政治、宗教，塞万提斯、莎士比亚、培根、马丁·路德、哥白尼，好像是个日夜不停地召开的盛大的达沃斯论坛。其实在当时的历史条件下，这些学者也就是组织一些兴趣小组，最多算个现在的微信群，大家没事聚在一起闲聊，文学群、美术群、音乐群、天文群、数学群、物理群……

我在读这段历史的时候，总觉得文艺复兴时代的这些学者们争来争去的都是一些匪夷所思的事情，比如壁画里的神该不该穿衣服，圣母雕像应该是什么表情，几百年前的献土文件是真是假，等等。

历史好像遮住了一些东西，我们只能在历史的蛛丝马迹里去寻找线索。

这些艺术家、文学家、科学家和戏剧家看似完全不搭界，但在他们争论的问题中，好像有两个字是一致的—"人"和"神"。他们争的东西其实只有一个，就是世界到底是以"人"为中心，还是以"神"为中心。

按照马克思的观点，所谓的文艺复兴，跟我们今天说恢复传统文化是两码事，人家当时其实就是因为教会的思想控制不利于资产阶级拓展市场，想要推动新思想。不过达·芬奇、拉斐尔、米开朗琪罗这些今天看来是大

神级的人物，当年都只是如兔哥一样的小网红。他们自己提的新思想没人服气，所以只能从古代的典籍中找，挖出先贤的一句半句跟自己的思想贴边的话，然后说："你看！亚里士多德也是这么认为的！"

这个方法其实中国也有，叫作"托古改制"，康有为曾写过一本《孔子改制考》，就是这个意思。我说要变法，大家各有各的意见，七嘴八舌，达不成一致，但是如果考证出变法这件事是孔子他老人家说的，你们难道还敢对孔圣人有意见不成？

如同今天好多企业家都在问我工业 4.0 如何落地，其实这本来就没有意义，是个伪问题。理念从来就不需要落地，而是解决实际问题往往需要理念提供一个帽子做支撑。

那个年代是农业社会，要法先王——效法古人才有人信服。而现在已经是互联网社会，主流文化是法后世——符合未来的趋势才有人信服。所以如果你不知道当下该如何搞工业 4.0。你就看一下目前面对的最大现实问题是什么，解决这个问题有哪些障碍，然后从工业 4.0 的理论里寻找支持，然后你就用这个理论来对内统一思想、对外吸引资源，大事可成矣。

用最大的概念做最简单的事，你干那个"点"，4 和 0 让更擅长的人去干，这才是工业 4.0 落地的秘密。

又扯远了，我们可是一本严肃的科技读物！所以还是得回到当时的佛罗伦萨去，艺术家受到了教会和封建领主的迫害，所以不得不借古讽今，来表达自己的政治诉求，这个逻辑看起来是没错的。

不过在这个逻辑下，好像还有一些说不通的历史事实，就是文艺复兴中的绝大多数学者，都是教会和封建贵族供养的。甚至教皇尼古拉五世和朱利乌斯二世，二者本人就是文艺复兴的倡导者和大力推动者！

这说明当时不仅仅是一些新兴资产阶级在思考人与神的关系，而是整个社会从上到下都在思考，"人"和"神"应该是怎样的关系。

那么问题来了，西欧人以前干什么去了？东罗马覆灭以前也有很多学者来过这里，怎么那会儿大家谁也不动脑子，偏偏这个时间又开始思考了呢？

他们以前还真是没法思考。

我们先要看基督教会是怎么统治整个欧洲的。

教会其实只是个宗教活动场所，类比在中国，也就是个烧香拜佛的小庙，这么看来，教会怎么可能让整个欧洲俯首听命，甚至能左右君主的王位呢？咱们中国的少林寺号称武林中的泰山北斗，72 绝技名震江湖，也没听说哪位少林方丈敢废立皇帝。别说我们这种严肃的科技读物了，连小说里都不敢这么编！

问题在于欧洲教会手里有书，而老百姓手里没有。

到这里我必须告诉你，知识就是力量啊！

欧洲人虽然都信奉基督教，但是《圣经》却不是人人都能有一本的。因为当时欧洲没有纸，所以文字只能写在羊皮卷上，而且每一本都需要识字的人手抄，成本很高，且时间久了字迹就会模糊得难以辨认。所以当时的基督徒们是没有渠道自学《圣经》的，只能去教堂听神职人员来讲经。首先，你看不到圣经原文；其次，就算你看到了，那些模糊的字迹也没法辨认。你只能去请教神父。

久而久之，神职人员在老百姓心目中的地位就变得不可动摇了。此外，因为没有便宜的传播媒介，所以普通人即使有了新思想，也无法写成书大范围地传播出去，只能跟身边的张三李四讲讲，成不了理论体系。

13 世纪，中国的造纸术开始大范围传入欧洲。到了 14 世纪初，意大利成为欧洲造纸术传播的重要基地，纸张开始大量生产，价格随之下降，《圣经》开始广泛流传于老百姓中间。读书这种以前只有神职人员和贵族才能干的事情，现在寻常百姓都可以了。这个时候，世俗社会的地位越来越高，学者们开始弃用晦涩的拉丁文，而改用通俗的语言来写作，专门为一般民众撰写的白话书籍也应运而生。

这是欧洲历史上第一次知识的去中心化，第一次思想的互联互通，知识不再是只能从一个人到另一个人的头脑之间的涓涓细流，而是通过书籍大范围的传播，成为一股洪流，流向了欧洲大陆。

这股洪流最初只是让民众能够协同学习，而民众协同学习后创造的新智慧又反过来影响了教廷和贵族，所有人都开始觉醒，大家开始一起思考和探讨"人"和"神"的关系。所以也许并没有什么邪恶势力的存在，也没有什么斗争与被斗争、禁锢与被禁锢。

我更愿意相信，文艺复兴的真相是，那一代觉醒的先贤们，对人类未来方向的思考。

我们的祖先从石器时代开始就躲在山洞里，面对着神秘的自然，人的力量微不足道。我们对未知世界有很多恐惧，又把这些恐惧集合起来，固化为一个虚拟的人格，这就是"神"。

神告诉我们不能走出山洞，外面危险，所以我们就世世代代待在山洞里，因为这样安全。后来神又告诉我们应该老老实实地种地，我们就从来不想种地以外还能干点什么。这个神的禁锢，从来就不是来自于教皇和封建领主，它来我们自己的内心，是对稳定和经验的依赖，是对未知和挑战的恐惧。

这个"神"，其实就是农业文明的根基——对稳定的追求、对未知的恐惧、对前辈的崇拜，正是它们阻碍了生产力的发展。我们到底能不能再往前一步，用人类的科学技术和创造力深刻地重塑这个世界呢？

文艺复兴的先贤们对这个问题思索了百年之后，给出了他们铿锵有力的答案：

前进吧，我们无须再畏惧自然的力量，我们要驾驭这股力量。利用这股力量，我们终将改变这个世界。

新航路的开辟打开了外部市场，创造了巨大的商品需求；文艺复兴扫平了人类内心的障碍，为全社会做好了人才准备。在农业社会徘徊了数千年的人类，终于开始公开挑战自然的威信，在接下来的300年里，我们即将创造一个连神都为之惊叹的世界——用工业的力量。

　　大航海带来的市场繁荣，文艺复兴带来的思想繁荣，成为农业社会进入工业社会的两个关键契机。但光有契机是不够的，每一次工业革命都不是凭空发生的，都有一段有血有肉的激荡故事。我们回望历史时，总会淹没了这些血肉，只剩下一个简单的骨架。也正是因为少了这些血肉的真相，我们才会难以从历史中找到今天。所以在这一章，兔哥跟大家一起把这些血肉补上，让我们重新看待这段既熟悉又陌生的历史。我们从轻松的故事中感受一下人类从农业社会一步一步发展到今天的必然与偶然，这将对未来有所启发。

第二章

蒸汽电力两重浪，信息数据领风骚

第一节

烈火雄心——第一次工业革命

> *"最好把真理比作燧石，*
> *它受到的敲打越厉害，*
> *发射出的光辉就越灿烂。"*
>
> ——发明家 瓦特

千呼万唤始出来，前面做了这么久的铺垫，我想你可能都已经着急了。好了，工业革命终于要开始了。

顺便提一句，在文艺复兴到工业革命之间，欧洲又兴起了一场轰轰烈烈的"启蒙运动"，说几个代表的名字你就知道这场思想运动的规格了：孟德斯鸠、伏尔泰、卢梭……

这个地方我不想多花篇幅，你只需要记住两件事：

第一件事，文艺复兴是先贤们思考"人"和"神"之间的关系，其核心在于我们是应该积极地在当世奋斗，还是消极地把希望寄托于死后的天堂。而启蒙运动是先贤们开始思考"人"和"人"之间的关系，其核心在于贵族和教士是否应该拥有特权，人与人是否生而平等。

第二件事，思考"人"和"人"之间的关系的结果，就是风起云涌的资产阶级革命，包括英国光荣革命、美国独立战争、法国大革命等。英国是最早进行资产阶级革命的国家之一，也就是在这个阶段，英国建立了资本主义制度，这也是工业革命发生在英国的主要原因。

接下来，我们来想一下，如果一个国家想发展经济，需要具备什么条件呢？

资金、劳动力和技术。

我们就一起来看看，当时的英国是怎么凑齐这几个条件的。

资金

钱从哪来呢？

当时，英国的资金有两个来源，一个当然就是殖民掠夺，而另一个更重要来源是海外贸易。这就跟前面哥伦布的伟业联系上了。由于大航海时代的地理大发现，包括英国在内的欧洲国家通过海外贸易都积累了大量的财富。这跟今天中国的巨额外汇储备惊人地一致，所以说今天的中国天然就是工业4.0 的热土，这不无道理。

劳动力

干活的从哪来？咱们历史书上说了，贩卖黑奴。

想象一幅画面，一群奴隶正在工厂繁忙地生产，突然奴隶主冲进来说："走，我媳妇儿今天生日，跟我回家收拾屋子去！"奴隶是必须无条件服从奴隶主的，所以这些奴隶都必须马上回家。这样还怎么生产呢？所以工业社会要求人是能够自由流动的,而工厂里做工的工人也应该是自由劳动力。这一点跟农业社会希望劳动力世世代代固定在一块土地上是完全相反的，所以工业社会里只有阶级，没有等级。

英国的自由劳动力主要是从圈地运动来。当时，英国最发达的行业是毛纺织业，而毛纺织业需要大量的羊毛，贵族因为有利可图，就大量地圈地养羊。请注意，这个圈地可不是你想象的那种贵族明抢，老百姓痛哭流

涕。事实上，当时的农民还挺高兴的，因为圈地是给钱的。而农民失去土地后，花天酒地一番，把钱都用完了，就要进城打工，大量廉价自由劳动力就涌现出来了。

这里有一个有意思的地方，中国和英国的城市化道路并不一样。英国因为人口少，所以它的农民是直接涌入城市，原来的农村还是农村。而中国改革开放后，农民从土地束缚中解放出来，但是不能让农民都进城，因为解决不了这么多就业，所以我们就发展许多乡镇企业和非农产业。

简单地说，英国工人是"离土离乡"，农村是农村，城市是城市；中国则是"离土不离乡"，把农村变成城市。正因为这个原因，我们虽然完成了技术的工业化，却始终没有完成文化的工业化，直到今天，我们也仍然是一个农业文化主导的工业国家。

所以我们今天做工业 4.0 也好，发展智能制造也好，都不能抛开社会背景谈技术，你得考虑文化的问题，还要给这些企业的人找出路。其中一个非常重要的问题需要考虑，就是我们这么多的劳动力怎么解决。我曾经去一个著名的钢铁行业国有企业交流，他们搞智能制造之后，生产效率提高了，需要的人少了，但是人却一个都不能裁，那这企业还搞智能制造干吗呢？

技术

英国的手工业发达，有大量的技术积累。更重要的是，新航路开辟带来了新的市场需求和旺盛的购买能力。这里要注意，只有供不应求时，企业才会着力在改进生产上；如果供大于求，越改越赔，自然也

没有动力。

搞工业 4.0 不是处理破铜烂铁，更不是当一些原本就半死不活的企业的救命稻草，而应该是销售好、竞争力强的企业才会去搞。我们中国现在有的地方正相反，全是产能本来就过剩的行业去搞工业 4.0，你效率越高，生产出来的破铜烂铁就越多，在错误的道路上就走得越远，这样的结果可想而知。

工业 4.0 绝不是让失败者抱团取暖的避难所，而是让成功者更加成功的助推器。

好了，所有条件都凑齐了，工业革命可以开始了吧？

别急，还少一样东西，怎么把它给忘了！

蒸汽机！

我们都听过这样一个故事：瓦特小时候看到水烧开时水壶盖被顶起来，奶奶告诉他是蒸汽的作用。于是瓦特受启发开始研制蒸汽机，然后蒸汽机就被发明了出来。

所以我小时候总幻想：要是烧水的那个人是诸葛亮就好了，那咱们三国时就可以工业革命了，看谁还敢烧咱的圆明园。英国人真是幸运，天上掉下个大馅饼，哐当一下砸到了瓦特头上，便宜这小子了。

我的这个想法持续了很久，后来我开始在创投领域混迹，目睹了 512 名创业者的创业历程后，越来越觉得这事绝不可能是天上掉馅饼这么简单。所以我又去重新拼接这段历史的碎片，发现了这样一个故事。

瓦特发明蒸汽机时，决非前无古人，当时的欧洲已经有很多人在蒸汽机的领域创业了，只不过很多技术问题还没有解决，没有成规模地投入生产。所以瓦特的发明是站在前人的肩膀上，跟祖母家的水壶没

什么关系。

1763 年，27 岁的瓦特开始在法国人巴本、英国人托马斯·塞维利和纽科门发明的蒸汽机基础上改良蒸汽机。

这改良蒸汽机可不是在自己家的后院搭个棚子，弄个作坊，用锤子斧子敲敲打打就能弄出来的。而是需要租地皮，盖厂房，雇几十名工人和工程师，这样的开销可不是平民出身的瓦特能长期负担的。所以当他花了血本终于改良好蒸汽机后，在第二年就匆匆忙忙地推向市场，赚钱要紧。

很快瓦特就得到了他的结果——破产！

一个新发明是否成功，并不是找政府部门给你发个合格证，请几个专家论证一下，再发一篇新闻通稿，就算成功了，否则瓦特的前辈们早就成英国首富了，还能轮得到他？新发明成功与否是由市场说了算，东西再先进，卖不出去也没用。而在那个还不存在产能过剩的年代，卖不出去只有一个原因——你的东西太差了。瓦特的蒸汽机就是这样，他并没有解决市场上同类产品的最大问题：热损耗太大！这样的蒸汽机所产生的动能还不够做燃料用的煤钱，谁会买它？

瓦特刚刚在蒸汽机推出市场前结了婚，本以为产品大卖，来个好事成双，结果这次创业失败，积蓄都打了水漂，债台高筑。其实瓦特并不是个例，当时的欧洲因为搞蒸汽机发明而破产的不比今天中关村做 APP 的少，看来无论哪个时代，创业都是一将功成万骨枯啊。此时的瓦特也品尝到了当一个发明家的苦果——正当壮年便已走投无路，只能整天面对厂房里的废铁发呆。

瓦特不像哥伦布长得那么帅，也没有一个贵族老婆，找王室融资是没

戏了。不过这次，他幸运地遇到了一个天使投资人，富翁罗巴克。罗巴克看上了瓦特的新机器，并跟他签了合同，给了他大把的钱。这样一来，瓦特融资成功，得以继续进行新式蒸汽机的研制。看来当时的天使投资人跟今天的一样，都喜欢二次创业者，成功率高。

至少他们当时都这样认为。

融资成功的瓦特再次招兵买马，亲自披挂上阵，不能再败了，再败怎么见人呀，拼了！瓦特和他的助手们夜以继日地在厂房里奋战，卧薪尝胆，背水一战，韦编三绝……总之，你可以用各种代表拼命的成语来形容他。

这一研究就是三年，不知道瓦特到底花了罗巴克多少钱。这三年里，瓦特发明出了冷凝器技术，这是他的第一项专利——英国那时居然就有专利保护了，文艺复兴功不可没啊！

1767 年，瓦特带着他新式冷凝器技术蒸汽机重出江湖，天下风云出我辈，我又回来了！

雄心勃勃的他很快就得到了市场的再次回应——霸业何堪岁月摧，再次破产！

之所以没人买瓦特的蒸汽机，主要是因为带有冷凝器的新式蒸汽机依然没有实质性地解决热损耗问题，用蒸汽机还是不太划算。

一个错误犯两次，瓦特这个倒霉蛋这回把投资人罗巴克也坑了，毕竟三年的投入没有回报，谁都受不了。罗巴克又不是皇帝，所以他也破产了。

于是，瓦特又重新回到了一贫如洗的状态，还搭上个投资人罗巴克，这回改两人一起大眼瞪小眼，对着一堆废铁发呆了。别人三十而立，瓦特

三十已经破产两次了，还拖累了一个大富翁也一起倒霉，丢人可丢到家了，以后的生活该怎么办呢？

我们无法探究瓦特那时的心情，反正肯定不会像我讲故事时这么轻松。

机遇不是天上掉馅饼，一定是给有准备、有价值、有真本事的人留着的。

瓦特的机遇就是他总能拉到投资，他又找到了第二个天使投资人，大企业家博尔顿。博尔顿觉得，瓦特已经失败两次了，这次成功的概率应该很大了，所以他决定投资瓦特。

融资有融资的规矩，瓦特要想得到博尔顿的钱，就要分股份给他。至于投资意向书怎么签，股份占多少，我们是没法知道了。不管目的怎样，我们从外面看到的就是，一个好汉三个帮，你不行了，我来接上，只要咱们坚持下去，总有希望！说到这里，大家不觉得奇怪吗，这三个人萍水相逢，怎么会如此相互信任？难道是刘关张三兄弟穿越到了英国？

其实，这是因为资本主义制度下的契约精神，这是英国工业革命的土壤。

对于瓦特来说，失败再一再二，不能再三再四。在博尔顿资金、设备、材料等方面的全面支持下，瓦特全无后顾之忧。他疯狂地汲取着各种知识，他知道不能再败了，就指着这个挣大钱呢，否则丢人都没地方了。再次拼了！

这次瓦特意识到蒸汽机远非想象中那么简单，跟今天的工业 4.0 一样，这东西也是跨学科的。为此，瓦特把各种知识列了个清单：力

学、热学、气体化学、机械学、几何学、数学。每一门科学在今天都是深不可测了，更别说那还是在知识刚刚启蒙，老百姓除了《圣经》没读过几本书的 18 世纪中期了。这对于没有大学文凭、自学成才的瓦特来说，更是难上加难。

幸运的是，瓦特混进了英国著名的科学社团"圆月学社"，相当于今天的高级微信群；社团成员大多都是本地的一些科学家、工程师和学者，用现在的话说就是极客圈，他们之间经常交流一些科学思想。瓦特在社里认识了普利斯特利，他教了瓦特一些水的化学特性和结构，使瓦特得到了不少启发。

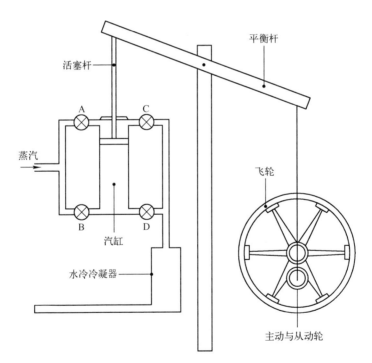

瓦特的蒸汽机

插一句，这位普利斯特利后来发现了氧气，被称为"现代化学之

父"。而达尔文等科学鼻祖级的人物也都出自这个"圆月学社",看来圈子真的挺重要。

瓦特这一拼就是十年。我没说错,是十年。十年磨一剑,这才是工匠精神!

十年后的 1778 年,瓦特携带新式蒸汽机再战江湖。来吧,让暴风雨来得更猛烈些吧!

暴风雨痛快地回答了他——破产!

我没说错,瓦特第三次破产了。新式蒸汽机虽然改进不少,但效果依然不理想,卖不出去。

唉,十年呀,我要是瓦特肯定就崩溃了。

此时的我已无法体会瓦特那时的心情,反正他失败了,可能失败得都麻木了。而且和上次一样,他这回又拖累得大富翁博尔顿也濒临破产。十年投资没有回报,钱再多也受不了呀。这回好,大眼瞪小眼改三个人了,一堆废铁加三个破产的老男人——悲剧版的英国合伙人。

以后的日子瓦特怎么过的我不知道,估计是得过且过地混日子,反正幸运女神嫌他太穷没搭理他。瓦特又熬了三年,处处碰壁,谁愿意沾染一个既没钱又没地位的丧门星呢。

1781 年某日,瓦特在圆月学社的一次聚会中,听到这些不靠谱的人海阔天空地谈着宇宙问题。有个人说到了刚刚发现的天王星,以及行星绕着太阳做圆周运动。原本心不在焉的瓦特突然联想到,如果把活塞往返的直线运动变为旋转的圆周运动,这就可以将动力传给任何工作机!

踏破铁鞋无觅处,奥秘原来在这里!

瓦特很快研制出一套被称为"太阳和行星"的齿轮联动装置,并且于

1781 年年底获得了第二个专利。乘胜追击，瓦特随后又改进了汽缸，把原来的单项汽缸装置改装成双向汽缸，并首次把引入汽缸的蒸汽由低压蒸汽变为高压蒸汽，又获得了第三项专利。

这一次，幸运女神真的来了。

瓦特的新式蒸汽机一经推出就卖火了，供不应求。瓦特发了，罗巴克和博尔顿也发了，英镑哗哗地来，谁也拦不住！到后来，瓦特也不卖蒸汽机了，反正任何人要生产蒸汽机都绕不过他的三个核心技术，哪怕是上帝！干脆我卖专利吧，谁生产蒸汽机都要交给我专利使用费，从此我可以躺在床上收钱了。

这个时候只顾着数钱的瓦特甚至都不知道，他已经开启了工业革命的大门。

人类历史因他十多年的坚持而发生了改变。

瓦特的蒸汽机作为一项划时代的新技术，是试金石，是镜子，它甄别了人类所有生存集团参与竞争的机制，也映照出了态度不同的国家在此后数百年间的兴衰沉浮。

这是第二个创业故事。

和哥伦布时代创业还需要攀附贵族相比，瓦特的经历是一次真正的新兴资产阶级创业，而他的投资人也都是新兴的资产阶级，资本与实业分离后再完美联和，这是一次历史性的进步。

蒸汽机的火光照亮了人类生活的一个新时代，以商业土壤成就了瓦特的大英帝国，凭借着"瓦特们"提供的能量，在全球称霸了两百年。

接下来，追赶隆隆作响的蒸汽机的脚步，欧洲列强们以不同的态度谱写了自己不同的命运。

法国曾经以高于英伦岛数倍的薪金同时雇佣近两万名英国技工，完成了工业革命。

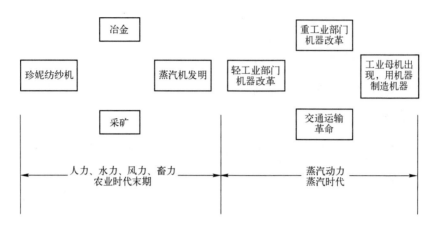

第一次工业革命历程

德国不仅开了以国家力量培训新技术人才的先河，据传也曾经有组织地针对英国盗取图纸和零件，在人类国家竞争史上，创生了工业间谍的词汇，创造了弱国跻身列强的奇迹。

而高举着哥伦布的风帆，在全球贸易中曾经独占鳌头的西班牙，却在拥有当时人类一半以上的黄金和白银的富足中迷醉了。虽然与英伦三岛近在咫尺，西班牙却在远隔大西洋的美国铺筑商业铁路 20 年之后，才在巴塞罗那铺下了第一根铁轨，之后始终不曾跨入过工业强国的门槛。

处于农业文明顶峰的中国，在欧洲列强机械化生产的冲击下，"人手"的优势慢慢不再，而"人口"的劣势浮出水面，从世界的霸主沦为了列强的鱼肉。

工业 1.0（1765—1870 年，持续了 105 年）：机械化，以蒸汽机为标志，用蒸汽动力驱动机器取代人力，从此手工业从农业中分离出来，正式进化为工业。

第二节
驱雷策电——第二次工业革命

> *"只要精力旺盛，你就在成长，*
> *而一旦你成熟了，你也就开始腐烂了。*
> *只有不断寻找新的生长点，*
> *你才能不断地前进。"*
>
> ——工程学家 西门子

"见鬼了，疯了，疯了，从没见过这样的人！"

在这一天之前，老迪姆对自己的见多识广还是很骄傲的。

"老子跟拿破仑打仗的时候，你们还在河边斗鹅玩呢！"他总是把这句话挂在嘴边上。

老迪姆年轻的时候，正赶上他的祖国，普鲁士王国跟拿破仑打仗，他应征入伍，在军队里当过几天上等兵。后来战争结束了，他就在监狱里做了看守。一晃二十几年过去了，他也混成了监狱里的老炮儿，大家觉得他见得多，都给他面子，他也就自鸣得意，动不动就教育年轻人：你们应该如何如何。可是他这一辈子从来没遇到过今天这种事，他实在不明白世上怎么会有这样的人。

让老迪姆对自己的人生产生怀疑的，是一个 25 岁的年轻人。这家伙因为非法跟人决斗，被判五年监禁，服刑期间就一直怪里怪气地整天惹祸，现在国王下令特赦他，他居然写申请给国王，要求继续留在监狱里！这么

不识好歹的人，把国王气坏了，大发雷霆，据说把监狱长都连带着给臭骂了一顿。

这个年轻人，叫维尔纳·冯·西门子。

维尔纳·冯·西门子

生日：1816 年 12 月 13 日

籍贯：德国汉诺威

西门子的老爸虽然是个农民，但其实是个如假包换的知识分子，受过高等教育；年轻时一腔热血地投身了政治运动，为争取德国的统一而跟法国皇帝拿破仑一世的部队打过仗，后来战争失败，他便心灰意冷地决定务农。

19 世纪的欧洲大陆已经打成一锅粥了，而德国那时还没有统一，是一个由一大堆邦国组成的德意志邦联，丹麦、普鲁士，以及奥地利的一部分都属于这个联邦。而当时的汉诺威处于英国的控制之下，尚未被战火波及。老西门子是个文艺青年，向往自由之乡，就向一个领主租借了汉诺威附近的伦特庄园，结了婚，当了农民。

老西门子两口子兢兢业业、吃苦耐劳，但是因为德国也没个计划生育意识，农村生活又比较单调，除了生孩子估计也没啥事可干，所以他俩总

共有过 12 个孩子，其中 3 个夭折，9 个长大成人，家里孩子太多，所以生活肯定就比较拮据。

中国有句老话：穷人的孩子早当家。

德国的穷人也一样。

中学还没毕业，维尔纳就已开始琢磨怎么减轻父母的经济压力了。

他原本读的是文科中学，艺术生这个专业吧，从古到今都是烧钱的，所以他决定改学建筑专业，因为这是当时唯一的技术工种，能赚钱。西门子研究了一下，认为如果能考进柏林建筑学院，拿到个好文凭，将来就能找一份稳定的工作，做一名建筑工程师。不过自己是个文科生，好多课都没学过，所以他赶紧找人教自己数学和大地测量这些课程，争取尽快把基础知识补上。

正当小西门子为实现理想而悬梁刺股的时候，他突然发现自己忽略了一个问题。

原来连这个建筑学校的学费他也交不起。

维尔纳为此愁肠百结，这时教他大地测量的老师给他出了个主意。这个人以前在普鲁士炮兵部队当过兵，比较了解普鲁士的情况。他建议维尔纳想办法进入普鲁士王国的工兵部队，这样就有可能进入炮兵工程学校。那里也算重点院校啊，课程跟柏林建筑学院一样，而且是国防生，不用交学费，等过几年退役了，照样可以干建筑专业。

真是绝路逢生，维尔纳把这个曲线求学的计划告诉了父亲，父亲对儿子的打算完全赞同。而且老西门子看得更远，德国分裂、混乱的状况不可能持久下去，德意志统一的希望在普鲁士，这个时候加入普鲁士军队，也算是良禽择木而栖了。家庭会议通过后，18 岁的维尔纳·西门子就告别了

卡特琳文科中学，离家只身前往普鲁士首都柏林。

到了柏林他才发现，原来这世上的聪明人不只他一个。

炮兵工程学院门口跟北京电影学院门口的情况差不多，一大堆候补士兵在等着呢，国防生也不是你想当就能当的。所以西门子只能在曲线读书的基础上再周折一下——曲曲线读书——先参加了炮兵部队，经过 6 个月的训练，晋升为上等兵，然后才如愿以偿，进到柏林联合炮兵学院学习。

这三年在学校里，西门子如海绵一般吸取知识，尤其是学好数理化，走遍天下都不怕。而且他还顺利地通过了候补军官、军官和炮兵军官 3 次考试，成了一名军官。不过军事非他所爱，他还是喜欢天天闷头搞科研，其他人吃喝玩乐，他也不去，天天就躲在实验室里鼓捣那些器材。

最开始是试验摩擦炮栓，这个实验挺危险的，尤其是实验室的环境比较简陋，一个不留神就搞出了爆炸。西门子的右耳耳膜被强大的气流穿破，而左耳耳膜在一年前的射击训练中就受伤了，也就是说，这个实验让西门子彻底听不见了。后来通过治疗，情况有所好转，但他的听力一直都无法恢复到正常人的状态。发明家不容易啊，不知道如今的西门子助听器这么好用跟这事有没有关系。

西门子这么玩命地搞发明创造，不是因为他天天想着人类科学的进步，主要还是因为经济困难。读书期间，他父母都去世了，两个继承农场的弟弟收入有限，其他兄弟的学费也没有着落，作为老大的西门子特别需要赶紧赚钱补贴家里。

这个时候，法拉第已经发现了电磁感应现象，围绕电能的创业风潮在

欧洲兴起。西门子也认真研究了一下技术趋势，然后做出了人生中最正确的一个决定，进入电气这个行业。

西门子在电这个领域的第一项发明，是用电流进行镀金和镀银。

他用技术入股和锌白铜厂的亨宁格合作建立了镀金镀银部，双方共同分享红利。他很快又改良了锌版印刷机，做出了旋转式快速印刷机，销量不错，终于赚到钱了！不过年轻的西门子并没有沉迷于继续赚这些小钱，而是决定进入柏林大学听课，继续深造。

"绝不因眼前的利益放弃远期目标"，兔哥当年加入西门子工作的第一天就被灌输了这个信条，这个精神也贯穿了西门子公司160多年的历史。

1840年，也是鸦片战争这一年，西门子24岁。他的一个朋友跟另外一个步兵军官因为一点摩擦闹到了要决斗的地步。当时，普鲁士是禁止决斗的，而且规定参与决斗的人都要受到严厉处罚。不过年轻人嘛，好兄弟讲义气，有时候也就不顾后果了。西门子答应做朋友的决斗助手，结果这事被人告发，所有参与者都依法受到了严惩，西门子作为从犯被判处5年监禁，并被送到马格德堡监狱关押了起来。

西门子一到监狱，发现捡到便宜了！这里什么都缺，只有一样东西多——空闲时间，除了吃饭、睡觉和放风，其余时间都无所事事。科技狂人西门子觉得这是埋头实验的好机会，于是他做出一个决定：把牢房改成实验室……

他托朋友到化学药品商店购买了一些电学实验所必需的化学药品和工具送进监狱，把牢房布置成一个临时小实验室，在里面搞科学研究。他从此两耳不闻窗外事，天天就是做实验，这段牢狱生活也成了他伟大科学实践的辉煌起点。

功夫不负有心人，西门子在监狱的实验连续突破，成功地用电流给金

属镀金、镀银，且不易脱落。你别小看这点镀金技术，在当时的德国，几乎没人会。巨大的科学成果让西门子欣喜若狂，在朋友间也流传开来。一位宝石商听说了这件事，马上带着现金冲进监狱找西门子，用 40 个路易金币获得了电镀金银的使用权，因为用这个技术做出的首饰不但表面光泽明亮，而且还能降低成本。

这简直就是"一个失足青年的励志人生"，这个故事太有意思了，西门子很快在全国名气大震。更重要的是，这个技术为西门子带来了一大笔钱。有了这笔钱，他再次改良了镀金设备，还申请到了 5 年的专利权，然后又进一步改善了实验条件，继续研究新东西。在西门子眼里，这个摆满化学药水和工具的监狱简直就是天堂，估计每天晚上一想到自己在监狱里做实验，他乐得都睡不着觉。

就在西门子兴致勃勃地正准备继续大干一场的时候，出事了。普鲁士国王听说了有个叫西门子的年轻人在监狱里还搞发明创造，觉得这简直是一个思想改造、重新做人的典型啊，于是下令特赦西门子。赦免令很快就下达到了监狱，西门子终于可以离开监狱了。

这事皆大欢喜，只有一个人哭笑不得——西门子自己。

好不容易花这么多钱建了个实验室，这要是出去了，哪有这么好的实验条件啊？于是西门子写了一份呈文给国王，洋洋洒洒好几千字，回顾了自己在监狱里劳动改造的心路历程，然后感谢陛下、感谢国家、感谢各界对自己的帮助……

最后，他稍稍地提议了一下，因为自己的思想境界还有进一步改造提高的空间，所以自己还是想继续留在监狱里，请求国王批准。

于是就有了开头的那一幕奇葩景象。

国王一看回信，大怒——你小子这是不识抬举啊！你说不出去就不出去啊？你有这么好的技术，不在外面给国家做贡献，还在监狱里吃我的粮食。不行，必须走！

于是，国王再次下令：西门子必须立即离开监狱，没商量。西门子只好在半夜时分拎着行李，一步三回头地离开了监狱，被派往柏林，为炮兵工厂服务。

到了 30 岁，西门子正式从部队退役，开始在电气领域创业。

西门子和哈尔斯克发明了指针电报机，并合作创办了西门子-哈尔斯克电报机制造厂。哈尔斯克是一名技术娴熟的机械师，他们两个合作默契，西门子提出设想，机械师哈尔斯克把设想变成现实。

1849 年 3 月，普鲁士国王弗里德里希-威廉当选为德意志继任国王。此时，法兰克福到柏林的线路也正好及时接通了，选举的结果在法兰克福的保罗教堂公布后，一个小时后就通过由西门子铺设的电缆传到了柏林。这让西门子名声大振。接下来，西门子-哈尔斯克公司又承接了好几个铺设电报线的项目。

但是，创业路上的成功一般都不会持续太久。西门子的技术还是不成熟，导线绝缘不足和施工中的急功冒进造成铺设的线路不久后就无法正常工作。普鲁士军队电报管理处长一怒之下停止了同西门子的合作。没了最大的客户，这家年轻的公司顿时陷入了危机。

好在西门子很早就有多元化经营的意识，预先就采取了措施，做了产品和市场的多元化，开发了很多新产品来对冲风险，没想到这次解决了大问题。后来，维尔纳·西门子总结得出了一项基本原则——别在一棵树上吊死，公司要在所有的电气领域采取行动。除了铺设电报线路外，公司还生产铁路信号器、水表、酒精测量器等。

1866 年，维尔纳·西门子终于研发出了一样东西，足以跟瓦特的蒸汽机相提并论，这就是直流发电机。

正是这个东西在第二次工业革命中起到了至关重要的作用，使电力最终取代了蒸汽动力，成为我们今天每个人都在使用的能源。

发电机最开始是运用于军事目的，在功率和负荷能力进一步改进之后，西门子发现这种机器在电车和电气发动机领域也用得着。

1879 年，西门子公司为柏林街道安装了路灯。

1880 年，电梯被制造出来。1881 年，西门子建立了第一个电子公共交通系统，使有轨电车行驶在了柏林近郊。

1877 年开始，电话机也进入了公司产品行列。西门子对由格雷厄姆·贝尔发明的，但还没有在德国获得专利权的电话机进行了改良。这种电话机在前三年的销量超过了一万台。

你可以发现，改良别人的发明是维尔纳·西门子的专长，通过他的一番改进，产品的性能能提升不少，而且这样还可以规避专利法的约束。在这个改良的过程中，维尔纳·西门子意识到，企业必须不断根据市场需求的变化改进产品的性能，给消费者最好的产品。

当然，这种改进不光是改进他人的产品扩充产品线，也包括对自身已有的产品进行持续改进。靠着这种不断改良的工匠精神，西门子股份公司创造了 160 多年的辉煌。

这是第三个创业故事。

跟前两个人大不相同，西门子并不是哥伦布那种浪漫主义冒险家，也不是瓦特那种火箭式攒大招的创业家，而这两种方式都是高风险、高回报，过度依赖于资本力量的。

西门子是一步一步、稳稳当当地往前走，在一个笃定的大趋势里，不断地调整方向、小步迭代。所以，虽然哥伦布和瓦特也都名垂青史，却只有西门子建立了一家辉煌了 160 多年，至今还活跃于全球的跨国公司，他靠的就是这种高度的务实和慢功夫。

这也是德国制造的精神。

本书既然是一本严肃的科技读物，我们就必须做一个具有学术范儿的总结，第二次工业革命主要有以下几个特点：

第一，第一次工业革命的主导者大多是瓦特这样的工匠，他们依靠的是丰富的一线实践经验。而第二次工业革命的主导则是西门子、爱迪生这样的科学家和发明家，这说明在这个阶段，自然科学的新发展开始跟工业生产紧密结合，科学研究开始从实践中抽离出来，再反过来指导实践的发展。

第二，电力、煤炭这些新能源的大规模应用让大型工厂能够方便廉价地获得持续有效的动力供应，推动了重工业的发展。轻工业时代，一人出一万块钱，凑个十几万，就能开一个小的纺织工厂。而从第二次工业革命开始，投资大、回收慢的重工业成为主流。这也催生了以福特汽车为代表的流水线这种大规模的工业生产方式，并且为之后的垄断资本主义奠定了基础。

第三，内燃机的发明解决了长期困扰人类的动力不足的问题。内燃机的发明又导致了发动机的出现，解决了交通工具的问题，推动了汽车、远洋轮船和飞机的迅速发展，使人类的足迹遍布全世界，也让各个地区的文化和贸易交流更加便利。而通信工具、电报和电话的发明，则使人与人之间的交流不再局限于面对面的谈话，而是可以跨地域、大范围地协作。

第四，化工业的迅猛发展。炸药的发明大大促进了军工业的进步，并最终在第一次世界大战期间被广泛使用。从煤炭中提取各种化合物，塑料，

人造纤维先后被投入实际生活，让人类受自然资源的制约减小，生产力水平大大提升。

类别	时间	内容	国家
电力	1866 年	西门子制成发电机	德国
	19 世纪 70 年代	电力确立新能源地位	
	1880—1890 年	电灯、电车、放映机相继问世	
内燃机交通工具	1870—1880 年	汽油内燃机发明	德国
	1886 年	奔驰发明汽车	德国
	1897 年	狄塞尔发明柴油机	德国
	1903 年	飞机试飞成功	美国
通信技术	19 世纪 40 年代	有线电报	美国
	19 世纪 70 年代	贝尔发明有线电话	美国
	19 世纪 90 年代	马可尼发明无线电报	意大利
化学工业		石油化工工业兴起	
	1867 年	诺贝尔发明炸药	瑞典
生产方式	1870 年	辛辛那提屠宰场使用传送带	美国
	1913 年	福特汽车使用流水线生产	美国

第二次工业革命历程

西门子发明的电机，再一次驱动了人类前进的步伐，见证了德美两个新兴国家奇迹般地崛起，并称霸全球制造业至今。而曾在瓦特的蒸汽机的牵引下而领跑全球的英伦三岛，却在不断纠结于老设备更换成本的争执中，导致在"日不落帝国"的光环下悄然减速了，将制造业霸主的地位拱手让出，沦为了二流工业国。

这里还要提到一个有意思的地方，就是在第二次工业革命之前，整个世界再一次出现了文化的大繁荣，大师辈出。

《战争与和平》《罪与罚》……俄国出现了托尔斯泰、陀思妥耶夫斯基；法国诞生了伟大的雨果，同时年轻的莫奈也登场了，意味着伟大的当代艺术时

代开启，印象派登上历史舞台；年轻的柴可夫斯基，年轻的马克·吐温……都是在这个时代登上了历史舞台。

19 世纪 60 年代，整个世界的文学艺术大放异彩，可谓人类的第二次文艺复兴。

这仅仅是巧合吗？

工业 2.0（1870—1969 年，持续 99 年）：电气化，以电力的广泛应用为标志，用电力驱动机械取代蒸汽动力，形成流水线生产，从此零部件生产与产品装配实现分工，工业进入大规模生产时代。

第三节
并驾齐驱——第三次工业革命

[
"计算机技术与应用发展更新极快，
对技术的掌握再也无法做到一劳永逸。"

——创业家 比尔·盖茨
]

我们这本严肃的科技读物到了这一章，得花分两头，各表一枝，因为关于这个阶段的定义，德美两国是有重大分歧的。

从时间来看，其实是差不多的，都是从 20 世纪末到现在的这 50 多年；但是关于这一次革命的内容，两国的阐释是完全不同的：

德国人认为：

工业 3.0：自动化，以 PLC（可编程序控制器）的应用为标志；从此机器不但接管了人的大部分体力劳动，同时也接管了一部分脑力劳动；工业

生产能力也自此超越了人类的消费能力，人类进入了产能过剩时代。

美国人认为：

前面说的第一次和第二次工业革命只是同一次革命的两个不同阶段，应该统称为第一次工业革命。而最近的这 50 多年，才是真正的第二次工业革命。

第二次工业革命：以信息网络的应用为标志，也就是互联网革命，是计算能力和分布式信息网络的崛起。传输速度和信息量的结合为商业和社会创造了强大的新平台，这是通过降低商业交易和社会交互成本而实现的。

这个分歧的玄机其实能很容易看出来，德国的制造业和工业自动化行业都很强，而美国毫无疑问是互联网界的霸主，所以双方都想把自己擅长的部分定义为工业革命。

而在中国，目前还没有对历史阶段的明确定义，只提"中国制造2025"和"互联网+"这两个当下的概念，但用意也很深。前面这几次工业革命跟咱都没关系，无论用哪个定义方法，都是给别人抬轿子，不如给你来个含含糊糊，让你不知道我想什么，来个中国人最擅长的——平衡之术。

我们先不管他们谁说得对，而是话分两头，来讲讲这段历史。

在讲历史之前，我们要知道一件事，其实 PLC、计算机和互联网都是美国人发明的，但只有计算机和互联网的产业优势一直留在了美国，而德国却后来居上地成了 PLC 领域的霸主。所以无论采用哪种说法，美国都无疑是这一次工业革命的策源地。

兔哥特别喜欢找历史的规律，所以就去研究了一下在这一次革命前，美国还发生了其他的什么事。结果我看到了和第一次工业革命前惊人相似的一幕，可以说是第三次文艺复兴。

这个阶段，美国的文化出现了巨大的繁荣，涌现了一大批知识分子，

海明威、刘易斯、庞德、赛珍珠……大师灿若星河，这个时代被称作美国文学的"黄金时代"。

这个阶段，美国的知识分子如同两次文艺复兴的先贤们一样，都在进行一次新的哲学思考，那就是"人"和"财产"之间的关系。

流水线生产带来的大组织和分工细化让人开始变得像工具，财富不断增长，幸福感却不断下降。我们到底能不能把人从一些重复性无意义的劳动中解放出来，让机器承担一部分简单重复的思考呢？

经过这一次文化艺术的"黄金时代"，人的地位空前提高，社会基本达成了一种共识：工业的发展，应该以追求人的幸福为目标，而不是以生产本身为目标。这个时候，能够替代人的大部分体力劳动和一部分脑力劳动的新的工业革命就呼之欲出了。

至于为什么在三次工业革命前都出现了文化大繁荣的现象，我在这里先卖个关子，后面再说。

德国：工业 3.0

我们先按德国人工业 3.0 的说法，也就是 PLC 的发展，来梳理这段历史。

你们还记不记得瓦特的那台蒸汽机？它通过蒸汽产生动力，驱动后面的各种机械结构来实现纺纱这样的功能。但是这样就出现了一个问题，纺纱机要纺纱，那对它的运行速度是有一定要求的，如果快慢没有规律，那这个产品出来肯定是次品。而蒸汽这玩意儿又不是你家门口的王大爷，你也不能跟它商量用什么速度出来啊，那这个蒸汽动力的速度怎么控制？

最简单的办法就是先装个阀门，跟咱们家里的水龙头一样，龙头开多大，水就以多快的速度出来，这样就能控制蒸汽动力的速度了。

这个时候又有一个问题了：如果我需要保持在一个速度范围内，但又

不想老去用手拧这个阀门，该怎么办？这就需要把阀门跟另外一个东西连起来，就是离心调速器。这个专业名词你可能听不懂，简单地说就是一个带线钢球，它跟阀门和蒸汽机都连在一起。

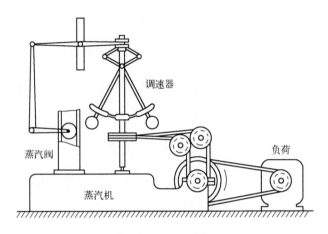

离心调速器示意图

如果蒸汽机转得太快了，这个钢球就会被甩飞起来，这样其另一端连着的阀门就会关小，蒸汽机就减速。等速度太慢了，这个球又垂下来了，阀门就开大，蒸汽机速度就又上去了。

用这个东西可以自动调节蒸汽机在一定速度范围内旋转，不快也不慢，蒸汽机也就可以不通过人来自己控制自己的速度，这就是最简单的闭环回路，也叫反馈控制。让它启动和停止，后来发展为数字量信号：0 和 1；而让它从每分钟转一圈慢慢地增到转十圈，后来发展为模拟量信号：0-100。

我只是用粗略的方法说了个大概，而实际控制的机械结构要比这个复杂得多，瓦特的这项发明实质上开创了自动调节装置的研究和应用。后面的数学家和工程师又把这里面的很多东西抽象出来用数学计算，以算出最好的控制结构和方法，这就慢慢地形成了自动控制这个学科。

刚开始的自动控制都是靠气体和液体的压力，也就是所谓的气动和

液压，后来有了电能，工程师们就可以用电的通断和电流的大小模拟阀门的功能来进行自动控制了。最开始，主要的控制系统是由各种继电器组和仪表组成的，这个继电器是一种电控制器件，实际上就是用小电流去控制大电流运作的一种"自动开关"。

到了 20 世纪 60 年代，汽车生产流水线的自动控制系统基本上已经都是由继电器控制装置了。这时候遇到了一个问题，就是汽车每一次改型都会导致流水线速度的变化，继电器控制装置因而就要重新设计和安装。而随着生产的发展，汽车型号更新周期越来越短，这种重新设计安装的频率就越来越高，非常费时、费工、费料，而且还影响汽车的更新换代时间。

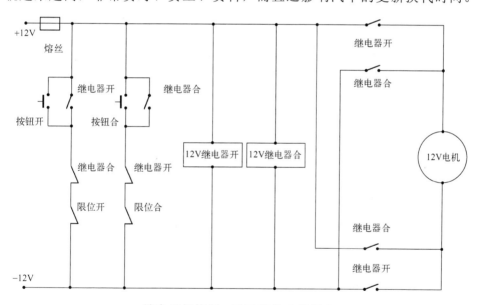

继电器组控制，改动硬件非常复杂

美国通用汽车公司深受这个问题的困扰，所以它在 1969 年公开招标，要求用新的控制装置取代继电器控制装置；DEC 公司为了应标，研制出了第一台 PLC，用软件编程的功能实现了继电器硬件组的功能。自此，工业自动化真正成为工业领域里一个重要的独立分支。

当前大部分工业自动化领域的霸主，比如西门子、ABB、施耐德、霍尼韦尔、松下等，都是在 PLC 的技术领域占据一席之地的，这些自动化厂商也正是今天工业 4.0 概念的主要推动者。因为德国西门子在 PLC 领域拥有几乎不可撼动的地位，所以这个时间节点也被德国人定义为"工业 3.0"的开端。

这个阶段，PLC 的控制方式基本上还都是集中控制，也就是将所有的现场信号集中采集到一个地方，集中进行运算和处理。随着工厂规模不断增大，系统越来越复杂，这种单机集中控制的方式越来越难以适应生产，一旦出现控制失效和事故，就会比较麻烦。所以到了 20 世纪 80 年代，出现了分散型控制系统（Distributed Control System，DCS）。

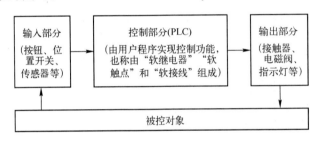

PLC 控制

跟 PLC 相比，DCS 是一系列软硬件产品组合成的一个系统，它把控制的权限进行了有效分割，单个工艺段的简单回路由现场的控制系统完成，而远端的服务器还可以进行信号设定和高级控制这些集中控制方式。这个跟公司的管理结构类似，公司小的时候，什么事情都由总经理一个人定，而当组织系统变得很复杂时，就把一部分权限下放给部门，简单的事由部门自行处理，总经理则只保留一些比较高的权限。DCS 这种即分散又集中的控制方式特别适合石油化工这种规模比较大的、生产过程很连续的流程工业。

到了这一步，一个新的问题又出现了，无论是 PLC 也好、DCS 也好，不同厂商的产品的操作系统和编程语言都是不同的。这就像早年的手机，

一家一个操作系统，你家如果买的不全是我家生产的设备，那就没法互相通信、交换数据。

现场总线技术就因为这个需求而生，它的理念是从分散控制到现场控制，开放协议，各设备间的数据传输都用同一个总线，这样就实现了各厂家之间不同设备的信息沟通。为了争夺总线标准这个制高点，工控领域里的几大巨头纷纷结盟，频立山头，建立标准体系。

其中有两个体系是比较主流的，一个是 Fieldbus Foundation 体系，主要是美国和日本的公司在推动；另一个是 Profibus 体系，主要是德国企业在推动。虽然有了现场总线，各家的设备可以相互交流了，但是你要想跟对方通信，还是得对对方的设备型号和接口有一个比较深入的了解。如果觉得麻烦，那对不起，还是全买一家的设备吧。这其实还是一种无形的壁垒，所以现场总线技术只能算是一个半开放的协议。

瓦特搞的那一套反馈控制只考虑一个速度阀门的控制，这叫作经典控制理论。当我要同时考虑速度阀门、压力、温度等多个因素的时候，就得用更复杂的控制方式，这就是现代控制理论。

但是这两种控制都是要给定精确的设计量才能实现，也就是说你在设计编程之初，就得非常清楚这个机器可能遇到的所有问题。但这还远远达不到替代人脑的功能，于是就催生了一种更新的控制理论，叫作智能控制，也就是把一些可能遇到的情况汇总到一起，形成一个个类似人类专家的专家系统，用模式识别的方式实现控制。这个已经很类似人类的思考方式了，比如我们人类有句话"见人说人话，见鬼说鬼话"，其实并非我们见到"人"和"鬼"时大脑都做复杂的计算，而是把一系列思考固化为一个"人模式"和"鬼模式"，碰到哪个触发条件，就启动哪个模式，这就是智能控制的本质。

随着大规模集成电路芯片技术的快速发展，以及人工智能、智能识别、智能建模等软件技术的突飞猛进，智能控制的水平也越来越高，工业控制开始跟信息系统相互融合。事实上，在"工业 4.0"的概念之前，早就有了柔性制造系统（Flexible Manufacture System，FMS）和计算机集成制造系统（Computer Integrated System，CIMS）这些概念，已经有了一部分"工业 4.0"的雏形。今天的"工业 4.0"体系并非凭空而来，而是在以上概念的基础上发展起来的。

"工业 3.0"就是自动化时代，工业控制技术极大地提高了人类的社会生产力，终结了几千年的物资匮乏情况。

美国：互联网革命

1957 年 10 月 5 日，星期六，美国人的黎明如期到来，但美国人这天的早餐却注定不同于往常，因为和早餐一起送来的报纸刊登了一条震惊全美国的消息。

莫斯科时间 10 月 4 日 22 点 28 分，在苏联的拜科努尔航天中心，人类第一颗人造地球卫星被送入太空，这颗名叫"史伯尼克"（意为"旅行同伴"）的重为 83 公斤的小卫星成为人类在地球外的第一个人造伙伴。

而在地球的另一端，这个卫星顷刻间汇成了国家安全危机的阴云，迅速笼罩了整个美国。"史伯尼克"卫星意味着在全球争霸中，苏联人先行了一步。

五天之后的记者招待会上，时任美国总统艾森豪威尔公开表达了对国家安全和科技水平的严重不安，他提出："这个国家必须在国家生活中给科学技术和教育以优先权。"

两个月后，艾森豪威尔向国会提出建立国防高级研究计划署，简称"阿帕"，办公地点就设在五角大楼内。新生的"阿帕"即刻获得了国会批准的

520 万美元的筹备金，及两亿美元的项目总预算。这个数目是当年中国国家外汇储备的三倍！

12 年后的 1969 年，也就是 PLC 诞生的同一年，互联网诞生于"阿帕"军事实验室。

互联网的最初架构，是美国为了应对苏联潜在的核打击，想要建立一个分布式的指挥系统，防止指挥中心被定点摧毁后造成整个系统瘫痪。今天我们所谓的去中心化、对等对联和开放，其实都是源于这样一个底层的分布式计算规则。

互联网最初只用于军事连接。1969 年 12 月，美国西南部的加利福尼亚大学洛杉矶分校、斯坦福大学研究学院、加利福尼亚大学和犹他州大学的四台主要的计算机第一次作为非军事用途被连接了起来。

由于互联网最初是由政府部门投资建设的，所以当时它只限于研究部门、学校和政府部门使用。除了以直接服务于研究部门和学校的商业应用之外，其他的商业行为是不允许的。

直到 20 世纪 90 年代初，当独立的商业网络开始发展起来后，这种局面才被打破。从那时开始，一个商业站点发送信息到另一个商业站点的信息不再需要经过政府资助的网络中枢，互联网开始急速发展，直到今天已经深刻地改变了全球的生活方式。

互联网最初只是被人们当作一种工具，用来收发邮件、网络聊天。随着 3W、Web 的出现，人们意识到互联网还可以作为内容的传播渠道，门户和搜索引擎开始兴起。再后来，互联网成了一种基础设施，电商、O2O 开始进入生活。今天，3G、4G、Wi-Fi、APP、智能硬件、人工智能、云计算、大数据开始渗透入社会的各个领域之中，平台模式、共享模式大放

异彩。此时，互联网经济就开始形成了。

20 世纪 90 年代，中国已经处于改革开放的高速增长期，所以在这一次互联网革命中，中国不但没有落后，反倒隐隐有后来居上的态势，我们如今已经可以算是名副其实的互联网第二强国了。中国人对互联网的熟悉程度不比任何一个国家差，所以我不想多赘述这段历史，在这里只把目前互联网衍生出来的各种商业模式做一个归类总结：

互联网商业模式归类

一级应用模式	二级网络应用模式	代表
（信息需求） 网络信息获取应用模式	网络新闻模式	新浪门户、网易门户
	搜索引擎模式	百度搜索、谷歌搜索
	信息分类模式	好 123、网址之家
	信息聚合模式	58 同城、赶集
	知识分享模式	百度百科、维基百科
（交易需求） 电子商务应用模式	B2B 电子商务模式	阿里巴巴、慧聪
	B2C 电子商务模式	天猫、京东
	C2C 电子商务模式	淘宝、易趣
	O2O 电子商务模式	美团、大众点评
（交流需求） 网络交流互动应用模式	即时通信模式	QQ、微信
	个人空间模式	QQ 空间
	社交网络模式	人人网
	网络论坛模式	天涯论坛、铁血论坛
（娱乐需求） 网络娱乐应用模式	网络游戏模式	传奇、英雄联盟
	网络文学模式	起点、红袖添香
	网络视频模式	乐视网、爱奇艺
（办公需求） 电子政务应用模式	G2G 电子政务模式	政府机关系统
	G2E 电子政务模式	政府和政府雇员间系统
	G2B 电子政务模式	电子招标、电子税务
	G2C 电子政务模式	公共信息服务、电子身份认证
	云服务模式	乐视云计算、阿里云

在这段发展历史的前期，虽然互联网技术日新月异，但是整个人类的

观念意识还并没有做好迎接互联网时代的心理准备。

不同的国家，不同的领域，甚至一个国家内的不同地区，都曾经画地为牢地出现过一个个的小圈子，这些或被称为"科研网"，或被称为"校园网"，或被称为"法国网""英国网"的各种局域网，如同 16 世纪的欧洲大陆——公侯遍地。

这些信息孤岛操着不同的语言，遵循着不同的标准，想要它们敞开门户，互联互通，形成一个统一的网络——互联网，就必须要有一个共同的标准来规范通用电子设备如何连入、数据如何传输这些事项，这就需要确定网络中每一台计算机的地位，到底是谁服从谁。

互联网区别于自动化的最主要特征就在这里，自动化系统是分层级的，不同层级权限不同；而互联网天生就是去中心化的和对等的，所有计算机都生来平等，不同的软件和硬件都必须被平等地对待，这是自书籍发明后人类知识的第二次去中心化。

罗伯特·卡恩（互联网之父、TCP/IP 协议联合发明人）曾说："IP 地址可以让你在全球互联网中联系任何一台你想要联系到的计算机，让不同的网络在一起工作，让不同网络上的不同计算机一起工作。"

人的利益集团之间的协商总是比人与机器的协商耗费得成本更高、历时更久。在众多的网络通信协议中，阿帕的 TCP/IP 协议最终胜出。这个阶段所耗费的时间是发明计算机互联技术所用时间的三倍。

历史总是不断地重复，今天我们推动"工业 4.0"，来自人和文化的障碍同样远远大于技术的障碍。

在万维网出场的 1991 年，全球接入互联网的计算机只有 20 万台。而到 2016 年，在全球 70 亿人口中，已经有超过 30 亿人成为网络人口，人类

自此迎来一个信息爆炸的时代。

一家微博网站一天内发布的信息就超过《纽约时报》辛勤工作的 60 年；全球最大的视频网站一天上传的影像可以连续播放 98 年；如今两天积累的信息总和，就相当于人类历史留下的全部记忆。

而互联网的出现，打破了第二次工业革命后垄断经济对个体创业的全面压制，知识和人的作用开始超越资本，投资人也开始广泛接受"投大钱占小股"的方式。

20 世纪 90 年代末的硅谷，无论是在校的还是刚毕业的学生，只要你拥有一个好的互联网创意，就能轻松凭借一份简单的商业计划书获得一笔可观的投资。如同今天的中关村创业大街一样，当时一向以果敢与理性著称的美国风险投资家们，在这股互联网时代的浪潮中变得盲目而疯狂。从 1996 年开始，硅谷每 5 天就有一家公司上市，每天都会新增 620 位百万富翁。

互联网革命深刻地改变了人类数千年来的生活方式，以及整个社会的商业逻辑。

总结

对"工业 3.0"的不同理解，是德美这两个在第二次工业革命中崛起的国家走向两条完全不同的发展道路的缩影。以自动化为标杆的德国，自此不断深扎工业基础，以工匠精神打造了机械制造领域的世界第一强国；而高举互联网旗帜的美国，则不断将实体制造业迁往国外，改为依靠强大的信息技术在虚拟经济的领域称霸全球。

后来的德美"工业 4.0"与"工业互联网"之争，也正是从这里开始的。

工业 3.0（1969 年至今，持续 47 年：自动化，以 **PLC** 的应用为标志，从此机器不但接管了大部分人类的体力劳动，同时也接管了一部分脑力劳动，工业生产的总能力自此超越了人类消费的总能力，人类进入了产能过剩时代。）

第四节
山雨欲来——第四次工业革命

> "德国经济以其强大的工业基础为特征，工业 4.0 的实施绝对是未来发展的关键。"
> ——德国联邦经济技术部长　布格巴赫

作为一本有关"工业 4.0"的严肃的科技读物，兔哥为什么要花了这么大的篇幅去讲工业 1.0 至 3.0 的历史呢？

这是因为我们只有理清了前面这段历史的脉络，才能明白为什么要有"工业 4.0"，以及在"工业 4.0"时代会发生些什么，带给我们哪些机会。

假设兔哥现在要生产一个马桶盖……好吧，我知道讨论"工业革命的技术路线"这么学术的问题，用马桶盖确实有点不严肃。为了突出兔哥一贯为人严肃正经的特点，咱们还是改为生产一匹布好了……

如果兔哥要生产一匹布，需要做些什么呢？估计你一定会想到这些：注册公司、盖厂房、招人、买机器、进原材料、应付工商税务消防环保检查……恭喜你，答错了！

这些其实都是细枝末节而已，都没有找到本源上的问题。

而生产这件事，说到底就两个要解决的核心问题：

一是工艺，也就是用什么原材料，以及以什么样的方式和流程来制造产品；

二是动力，也就是用什么能源来驱动和实现这个工艺。

所以每一次真正的技术革命，首先都是从新动力源的使用开始的，然后适应这个新动力源的各种工艺会被不断地被开发出来，生产力就会不断地提升。

我们可以把生产的动力源作为一种基础，而各类生产方式和技巧其实都是在这个动力源的约束条件下演化出来的应用。工艺的提升和动力源的提升都可以带来生产力的提升，不过只有动力源的提升才可以给生产力带来数量级的飞跃。

我之前之所以要讲瓦特、西门子、PLC 和互联网一波三折的故事，而对于后面这个技术的演化却一笔带过，就是要让你明白，每一次动力源的突破都是最艰难的部分，而每一次基础动力源突破后，衍生的新应用都会急速地改变这个世界。

阶　　　段	动　力　源	衍　生　应　用
第一次工业革命	蒸汽	蒸汽纺织机、蒸汽船、蒸汽火车、蒸汽机床
第二次工业革命	电力	电动设备、电灯、电车、电报、电话
第三次工业革命	信息	PLC、DCS、计算机、信息系统
第四次工业革命	数据	？

前三次工业革命的动力源和衍生应用

简单地说，手机的操作系统就好比是服务的"动力源"，它是一切新应用的基础，而各种 APP 就是实现各种服务的"工艺"。APP 越多，操作系统用起来就越方便，但是不管你的 APP 颠覆了什么，你都不能说这是手机的革命，只有操作系统出现了重大的变革——从诺基亚的塞班到苹果的

iOS，这才能叫手机的革命。

其实在工业革命以前，人类在几千年的农业社会中曾经有三次所谓的"农业革命"：从"新石器革命"到"青铜革命"，再到"铁器革命"。

可是我们好像没有看到生产力的大幅提升，其根本原因就在于，这几次所谓的"革命"改变的都是 APP，而不是操作系统，都是工艺应用的变革，而不是动力源的变革。

在整个这段农业时代的历史中，真正的动力源变革其实只有一次，就是从人力到畜力的变化。水力、风力等虽然也偶有使用，但却没有真正普及和形成规模，基本可以忽略。而牲畜作为动力源，能输出的动力并不比人大多少，而且活物又不好控制，所以应用范围比较窄，通常只能用于犁耕和交通，给生产力带来的提升非常有限。

在农业时代里，人类创造财富的方式通常只有一个，就是"盛世滋丁"——增加人口。但是由于每一个人的劳动生产率并没有提升，所以世上的人均财富只有那么多，一些人想要得到更多，另一些人就要失去。这是个零和博弈，一部人分人越来越富必然伴随另一部分人越来越穷。因此即使是清朝这种农业社会发展到极致的社会，也只有少数贵族是富有的，而绝大多数人仍然挣扎在生存线上。

而工业 1.0（第一次工业革命）的蒸汽机之所以有这么大的影响力，是因为它从根本上扭转了动力源的问题——从人畜力变为了蒸汽动力。人类从此开始可以使用自然的力量，这是一种高过人畜力数倍，甚至数十倍的动力。然后人们又在这个新动力的基础上演化出了无数新的工艺应用：蒸汽纺纱机、蒸汽转炉冶铁、蒸汽火车、蒸汽船、蒸汽机床……这后面所有的应用，都是在动力源变革的基础上进一步强化生产力的提升。

从一个简单的数据来看，当蒸汽机发明后，西欧和美洲人均可得到的能量分别为亚洲人均的 11.5 倍和 29 倍。现在你明白为什么清朝当时不可能战胜大英帝国了吧，因为我们的动力源和人家根本不在一个数量级上，这有点像《三体》小说中的故事，如果基础科学落后于人，那么应用科学再花哨，也不过是金玉其外、不堪一击。

工业 2.0（第二次工业革命）的路线是类似的，电力和内燃机的发明再一次改变了动力源，让人类从蒸汽动力时代进入了电气和石油的时代，实现了生产力的二次跃迁。

接下来的电机、化工、汽车、冶金、电气机床……以及流水线的大规模生产方式，都是基于这两个新动力衍生出来的工艺应用，这个技术路线与工业 1.0 是完全一致的。这个完整的循环也从侧面证明了德国的说法是有根据的，工业 2.0 应该是可以算作一次完整的工业革命的。

到了工业 3.0，这个规律好像变得模糊了，因为从 2.0 到 3.0 之间，无论是 PLC 还是计算机和互联网，都还是用电的，好像也没有发生什么动力源的革命性变化。那它怎么又能成为一次革命呢？

因为从这个阶段开始，机器不再仅仅是取代人手了，而是开始逐步取代人脑。

而对于工业 3.0 时代由机器模拟出的人脑来说，动力源的概念发生了变化，这个驱动机器大脑思考主要的动力源不再是"蒸汽"或者"电力"这种实体动力，而是"信息"这个虚化的动力。

无论是德国还是美国，是"工业 3.0"还是"互联网革命"，虽然吵得很热闹，但是双方都有一个根本的共识，就是这个时代的本质是信息时代。

和前两次工业革命的更迭不同的是，在这一次变革中，信息并不是替

代电力，而是与电力并行，利用电力社会的基础，同时进行替代人手和人脑的技术演进。

这就意味着"太极生两仪"，这一次变革的演进分叉了，出现了两个分支。

生产现场侧：从单个参数的经典控制，到控制多个参数的现代控制，到多个设备协同的总线控制，再到控制一个复杂系统的智能控制，都是信息动力在生产现场侧的应用演进。而这个演进的载体，就是 PLC。

生产管理侧：而从计算机硬件到工业软件，再到互联网，移动互联网的变化其实就是信息动力在生产管理侧的应用演进，这个广义的生产管理侧是包含营销等环节在内的，所以这个演进的载体是计算机互联网和管理信息系统。

信息在工业 3.0 时代的"太极生两仪"

这两种说法其实并没有什么冲突，只是信息动力的演进在工业 3.0 时代分化成了生产现场侧和生产管理侧两个分支，而德美各自的侧重只是表述了信息动力演进的不同方向而已。

至于为什么会在这个阶段分成两支，这是因为，第二次工业革命的流水线生产使得大规模协作成为现实，生产的管理就从生产本身当中分化出来，而信息动力也就自然地如藤蔓一样绕着两个分支并行了。

总结起来，这段历史的演进路线就是：

从工业 1.0 到工业 2.0，电气驱动和蒸汽驱动的应用演进在工业现场侧一脉相承，都是在动力源的跃迁之后引发了一系列的衍生应用。

工业 3.0 时代，信息驱动分化为两支，一支在工业现场侧化为"自动化"来继续演进提升机器的生产能力，而另一支则进入工业管理，侧化为"信息化"来提升人员的协作效率。这两个支线分别都进行了各自数十年的应用演进。

那么工业的下一个时代应该是什么呢？

下一个时代：数据时代

在王东岳先生所著的《物演通论》中，把 138 亿年的宇宙演化史和 1 万年的人类文明演进史全部打穿后，提出了一个"分化再媾和"的历史规律，也许恰好可以回答这个问题。

王东岳先生认为，生物进化是个分化的过程，而后出现的物种会一代比一代弱，要想生存下去，就得不断寻找更多的支持因素，这个支持因素就是"代偿"。而这个"代偿"的方式，就是分化出来的物种进行再媾和。所以生物演进的分化必然导致再媾和，同时媾和就必然伴随着结构的复杂化，这是物种演化的规律。

寒武纪物种大爆发，地球结束了雌雄同体微生物的局面，分化出两性，两性的生存能力虽然都不如原本的微生物，但是他们通过再媾和，雄性基

因 Y 的稳定性，再加上雌性基因 X 的多样性，就能繁殖出适应能力更强的下一代。

在商业社会里也是如此，资本就是从产业的孤雌繁殖中分化出来的一支。资本是同质的，而创业者则专门负责提供多样性，单独的每一支都比以前更弱，但通过资本和创业者再媾和，就能创造出无数新的商业模式和伟大的公司来。

这不但是物种演化的规律，工业的演化也遵循这个规律。

最近这 50 多年里，信息动力在生产侧和管理侧出现分化，形成自动化和信息化，这两个分支都通过不断地演进提升了劳动生产率。

但是从 2004 年开始，人类的劳动生产率增速却开始急剧下降，甚至停滞不前，就是因为这两个分支演进得越长越深入，生产越来越精细，管理越来越复杂，而生产侧和管理侧的割裂其实越来越严重。当这种割裂到达某一个临界点后，这两个分支就显示出了生物演化的递弱性，它们演进出来的复杂性对于整体生产力的阻碍，已经高于它们对各自效率的提升，这也正是自动化走到极端的德国和信息化走到极端的美国如今所面临的困境。

这个时候，为了补偿这种递弱效应，让生产率再一次跃迁，自动化和信息化就必须再媾和，形成一个新的动力、一种新的工业形态。

这就是工业 4.0，从工业分化出来的自动化和信息化再媾和，产生了新的工业动力源——数据。在这个数据科技的时代里，无数的新工艺都将基于这个数据动力被演化出来。

我们过往对自动化的理解就是流水线、机器人、传送带，这些看起来花哨的东西其实都只是工业 3.0 时代的生产侧分支——装备制造自动化。而另一个在管理侧分支——管理信息系统往往会因为我们看不到而被忽

略。这两个分支在工业 4.0 时代再媾和的结果就是"数据流动自动化"，它并不是机器人、数控机床、无人工厂这些"看得见的自动化"，而是"看不见的自动化"。它在正确的时间把正确的数据发送给正确的人和机器，从而解决了个性化定制带来的生产不确定性、多样性和复杂性问题，这是新一次工业革命的根本动力。

佛门有云"千江有水千江月"，水里的一千个月亮其实都只是天上一轮明月的映射，所以无论是"工业 4.0""工业互联网"还是我们中国的"互联网+"和"中国制造 2025"，其实也都是"数据流动自动化"这场革命在各国不同池子里的映射而已。

工业 4.0 的本质，是装备制造自动化和信息管理自动化结合后的产物——数据时代。

第五节
时迁世易——工业文明 VS 农业文明

> "农业文明的本质是异质化，
> 工业文明的本质是同质化，
> 而数字文明的本质，
> 就是以同质化的成本构建出异质化的社会。"
> ——就算是我说的吧

梳理完所有的历史，我们来比较一下，从农业文明到工业文明，社会发生了哪些根本性变革，这些可能在我们今天从工业文明向数字文明的转

进中会再次遇到。

工业社会 VS 农业社会

人类历史可以分为三个阶段：采集狩猎、农业和工业。

在采集狩猎时代里，人类和此前的类人生物是没有严格意义的区别的。

我们的高中历史课本上说过，人和之前的类人生物之间最大差别是，人会使用工具。不过你仔细观察一下，很多动物，比如猴子，其实也会使用工具，用个木头棒子什么的不在话下。所以，这不能成为我们人类和之前的类人生物之间的本质差别。

真正的差别在于，咱们人类更晚熟。

人类有更长的婴儿期和儿童期，这意味着年轻人依赖父母的时间更长，同时长辈给后代传授生活技能的时间也相应更长。从孩子的角度来看，缓慢的成熟意味着塑造过程的延长和学习能力的大大提高。学习能力的增强使得人类会有意识地保护那些发明和发现。这时，文化演化就开始超越了生物演化的步伐，支配人类行为的更多是人从社会中学会的知识，而不是个体通过 DNA 的遗传机制。当文化演化超过生物演化占据首要地位时，严格意义上的人类历史便发端了。

所以整个历史的演进，也就是把我们身体的一部分不断地分离出去，然后物化成人类的创造，不断替代和超越 DNA 赋予我们的能力的过程。

我们祖先的第一步，就是先把手的能力分离了出去，创造了工具。这个不再是像猴子那样捡一根木棍或者石块就能当工具，那是旧石器。我们要寻找新的更坚硬的材料，按照自己需要的形状磨制石器；在烧掉森林后，用这些磨制石器来翻土种地，这就是刀耕火种。

这个过程叫作新石器革命，也叫第一次农业革命，也就是农业1.0，它使我们从大自然的寄生者变成生产者。

采集狩猎文明与农业文明的分界线是新石器革命（农业1.0），之后的农业社会又经历了青铜革命（农业 2.0）、铁器革命（农业 3.0），以及化肥革命（农业4.0），如今正在进入绿色革命（农业5.0）阶段。这里面的特点是，前三次革命是通过工具的变化来提高生产效率，而后两次革命是通过种植过程的改变来提升生产效率。

发展农业，就需要灌溉，需要修建水利，这就需要大规模的人类协作。古代辽阔的农业帝国都源自农业文明的需要。

在这个过程中，人类经历了三次社会化大分工：

第一次，畜牧业从农业分离出来，诞生了游牧文明。

第二次，手工业从农业分离出来，诞生了工匠文明。

第三次，交换从生产中分离出来，诞生了商业文明。

游牧民族多诞生于农耕文明的边缘，由于地理原因，他们没有成功进化成辽阔的农业帝国，反而形成了一种独特的游牧文明。这些游牧民族因为军事的领先而不断地与农耕民族发生战争，先是统治农耕民族，然后被同化为农耕民族。农业文明就这样在与游牧民族的千年之战中不断扩大。而手工业和商业，也伴随着农耕文明的扩张而不断地发展进步。

很多人认为工业是手工业发展到一定阶段的结果，其实这是不准确的。手工业即使发展到极致，也仍然属于农业文明，因为它欠缺了一个关键的环节——大范围的标准化的交换。工业革命诞生于拥有商业文明的英国，而不是农业文明达到极致的中国，这是因为手工业和商业这两个从农业文明中分化出来的业态，只有通过再媾和才能诞生新的文明——工业。

农业社会与工业社会的分界线是蒸汽革命（工业 1.0），之后又经历了电气革命（工业 2.0）、信息革命（工业 3.0），如今正在迈入数字革命（工业 4.0）阶段。这个过程就是我们把手、眼、脚、大脑、神经元等人体器官不断地分离出去，物化为工具，然后再与我们自身重新发生协作的过程。

采集狩猎、农业、工业这三大阶段也被称为三种文明。我们一起看一下人类从农业社会进入工业社会时到底发生了哪些根本性的变化，这会有助于我们思考当下从工业社会进入下一个数字社会时，我们的社会将会应对哪些挑战。

永续增长和创新 VS 永恒静止和稳定

工业文明打从娘胎里出来，就是一种富有活力和创造性的文明。而工业文明孕育的工业社会是唯一一个依赖永续的经济增长而存在的社会，财富的增长一旦停滞，工业社会就会丧失合法性。

所以你看到农业社会的劳动生产率几千年不增长问题也不大，皇帝也并不着急，他只会为人口的增加而费心。但是工业社会一旦 GDP 不增长、劳动生产率停滞，政府的压力就很大，很快就会出现重大的社会问题。这是由工业社会的内核决定的。

而由于财富不断增长的需要，工业社会必须要依靠和鼓励创新，创新就成了工业社会生死攸关的基础。而为了永续创新，工业社会中的知识增长也必须永续进行，所谓"活到老，学到老"，这正是工业社会的目标所决定的。

你可能会说："农业社会里也有过发明和改进啊？张衡、蔡伦不是吗？"没错，农业社会里的发明和改进也存在，而且有时数量和规模还不小，但这些发明和改进都是偶然事件，从来不是持续不断的，而且人们也并不期

望它能持续不断。

所以即使是发展最快的农业社会，比如中国的唐宋时代，创新的数量、水平和影响力也远远不能和工业社会相比。我们所有人都能感受到，工业革命之后，社会发展的速度越来越快，过去是几代人的时间经历一次变革，而今天我们感觉好像在一代人的时间里就要承受几次变革，就是这个原因。

农业社会的本质，就是要求静止的社会和稳定的分工，而工业社会的本质则是要求永远的创新和变化。

阶级 VS 等级

工业社会需要无限的增长，这就需要无限地提高生产率。在工业 2.0 和 3.0 时代，提高生产率是依靠精细的分工，而且还需要这种分工必须是持续且迅速变化的，因为创新不停地带来新的行业，新的行业也就不断地需要新的分工。

所以我们可以看到，工业社会里的职业非常多，销售、技术、市场、生产……每个职业里还分无数个细小的分支，不像工业社会只有士农工商几个职业。但是工业社会中的职业存在的时间都很短，一个人一般不会终身待在同一个位置上，他必须时刻准备着从一种职业转换到另一种职业，俗称换岗或跳槽。

所以工业社会里的职业其实是没有严格划分的，人们可以任意选择职业，你可能今年做销售，明年做市场，后年做生产管理。所以在一个成熟的工业社会里，它的成员必须能够无障碍地交流和自由地流动，这种流动和交流可能是跨空间和职业的。这也就是为什么工业社会一定要有两大基本自由：迁徙自由和择业自由。

在一个高度流动的社会里，不可能在任何分工之间设置深刻的障碍，不允许社会层级的划分一成不变，因为固化的社会无法流动起来，所以工业社会里的职业就必须是平等的。

职业平等的逻辑结果就是，从事任何职业的人在法律、社会和政治上都要平等，身份和血缘不能起决定作用。换句话说，工业社会里可以有职业、有阶级，但是绝对不能有等级。王子和平民，只要他们干的都是自动化工程师这个职业，他们就必须是平等的，可以有雇佣关系，但是谁也不能是谁的主子。

阶级和等级这两样东西都是社会分工的产物，但它们有一个根本的差别，就是阶级的成员可以流动。比如兔哥没钱时就是无产阶级，一旦努力赚到钱了就是资产阶级。而等级的成员不能流动，在等级社会中，兔哥再有钱，也只能是富商，成不了贵族。

需要说明的是，在工业社会的现实生活中，人们的财产是不平等的，各种职业在人们心中也确实存在着不平等。虽然我们总说清洁工跟大学教授是一样的，但是恐怕在很多人心里还是不平等的。但总体来说，至少在明面上还是要平等的。相对于农业社会中的僵化、绝对和不可逾越的等级划分来说，这种不平等是弱了无数倍的。

正如英国学者盖尔纳所说："工业社会的平等主义既不是完全的幻想，也不是纯粹的现实。工业社会成员不再是贵族、臣民、贱民和愚民，而是公民。"

同时，工业社会的消费文化也要求人与人的平等。工业生产到了工业3.0时代就已经进入了产能过剩的时代，仅靠社会上层的人是不能消费掉所有工业产品的。所以大众消费就是维持经济永续增长的必要条件，所有人必须都成为工业社会的消费者才能支撑社会的存在。这个时候，农业社会里一

切妨碍消费的东西，那些经济、社会、政治和文化中的贵族等级就不能继续存在下去了。

识字 VS 文盲

既然工业社会成员需要频繁地大规模流动，那就意味着工业社会不再是农业社会里的血缘和熟人社会，而是一个陌生人社会。

我们每天都要跟陌生人进行交流，所以我们就必须要有一种大家通用的标准语言，所有人对这个语言的理解，不需要任何特殊的文化背景和经历。同时，对应这种标准语言，我们还需要一种共同的和世俗的文化，这样才能使所有人在短暂的面对面接触和协作中进行顺畅的交流。所以我们必须创造一种通用的语言，并且对所有人进行这种语言的教育，来保证所有社会成员有基本的交流工具。

盖尔纳把掌握标准语言、拥有读写算的能力、基本的表达和理解能力，以及关于自然和所在社会的基本常识，统称为"识字"。

工业国家的官方语言都是半自然、半人为的产品，是通过对某一种精心选择的方言的改造而来的。

比如咱们中国的普通话，就是"以北京语音为基础音，以北方方言为基础方言，以典范的现代白话文著作为语法规范"。而欧洲各国语言的标准化过程，也多半都发生在 18 世纪末到 20 世纪初。我们中国汉语普通话、白话文和简化字的形成是从 19 世纪后期到 20 世纪 50 年代末，经历了近一个世纪。

统一的官方语言和识字率的普及，从表面上看是因为印刷术、电视这些技术的发明和普及，但事实上是因为农业文明向工业文明的转型需要决定的。

农业社会里，"识字"是一种专长，甚至是一种特权。而在工业社会里，"识字"不再是专长，而是拥有专长的先决条件。

一个人所受的教育中最重要的、赋予其公民身份的那部分知识不再是专门的技术，而是所谓的识字能力。这就是在基础教育中我们为什么要学很多看起来无用的东西，而真正的职业教育的重要性反倒降低了。因为工业社会广泛需要的不是农业社会里那种专才，而是通识教育教育出的可以随时变化职业的"通才"。

通识教育 VS 专业教育

我们对农业社会和工业社会的劳动进行一个比较。

和工业社会相比，农业社会中的劳动有下列特征：

一、绝大多数劳动是体力劳动，比如种地、打铁、刺绣。

二、绝大多数劳动都是直接和作为劳动对象的物体打交道，而较少和人打交道，所以陶渊明才可以隐居桃花源。

三、只要是既包含体力又包含脑力的劳动，专业性就都很强。特别是在手工业中，这类劳动及其产品的复杂性和艺术性要求劳动者具有长期的训练和娴熟的技能，我们今天所谓的"工匠精神"其实是农业社会的产物。

因此，农业社会劳动者所必备的知识，主要是关于特定物品和特定技术的特殊知识。农业社会的教育属于私人而非公共领域，所以铁匠、木匠，这些工作经常都是世袭的，中国很多手艺活至今还讲究"传男不传女"，这与农业劳动的这一特征有直接关系。

而在工业社会中，从工业 1.0 到工业 3.0，由于技术进步，劳动中的体力和智力都在不断地被替代。工人操作机器，机器才直接作用于生产对象，

钢铁工人不再直接打铁，木材工人也不再直接锯木头。机器越来越自动化，劳动中的体力因素越来越少，工业劳动特有的智力因素也越来越重要。

这个智力因素，并不只是关于机器和控制机器的知识，更重要的是适应工作环境的能力和与人沟通的能力。

这首先是频繁变换职业的需求，跳槽最大的障碍就在于新公司的文化适应，而不是工作知识。

其次，由于工业经济在生产前、生产过程中和生产后的所有环节中都存在大量的协作，所以工业社会的大多数工作都必须要与他人频繁地交流。

总之，工业文明的分工细化导致了人们不再有农业文明时代的那种高度专业化和行业壁垒，这些深刻的专业化知识只有专家和物化的专家，也就是专业机器才需要，而工业社会对绝大多数人的要求仅仅是"识字"而已。注意，这个"识字"指的是综合常识。

因此，工业社会中教育的主要任务，不再是培养精英和专家，而是培养劳动力的综合素质，即让他们识字，让他们能够很容易地胜任不同的职业。

我们可以看到农业社会的国家从来不会去想识字率的事，因为这个对于农业文明来说没有用，因为人们不需要大范围的协作。

我们这就能回想出为什么在工业 2.0 时代，德国仅凭劳动力素质这一个因素就能迅速崛起，就是因为当时其他国家的通识教育水平太低，没有办法完成工业化的协作。

近现代国家其实就是为了培养这些具有综合素质的劳动力而出现的，因为只有拥有社会内部最大范围和最高权力，以及控制最多资源的政治组织——国家，才有能力、有意愿进行这种大规模的和持续不断的教育。

工业社会的成员要想具备工作资格并成为真正的公民，就必须按照共

同的要求，达到一定的识字水准，这是以家族和地方为单元的农业社会里根本不可能提供的。因为这种通识教育覆盖的范围越广越有利于工业协作，所以在工业时代里，地域辽阔、人口众多的国家就天然具有竞争优势。

种族 VS 民族

人类社会中有两种边界：一种是政治边界，一种是文化边界。前者是政府的权力边界，后者是人们的文化认同边界。

在农业社会，统治者往往只关心自己的政治边界，而不关心文化边界，所以政治边界和文化边界的冲突比较小。

一个辽阔的农业帝国，下面可能会有无数个民族和小社群，政府除了税收以外，对各地的文化是不干预的，而是由各地的乡绅主持，即所谓"皇权不下县"。而老百姓的第一身份认同只是自己所属的文化社群，小的文化边界，比如村、镇、部落，大的文化边界就是种族，这些边界内都有自己独特的次生文化，人们只认同这些次生文化，而并不非常关心外面的政治边界。

所以在农业社会中，只要政府一被打败，民众很快就能够接受征服者的统治，所谓"国家兴亡肉食者谋之，天下兴亡匹夫有责"。

进入工业社会之后，为了满足大规模协作生产的要求，各国的统治者必须要推行通识教育，消弭统治区域内的次生文化差异，力图让政治边界和文化边界统一。这个时候，政治边界和文化边界就出现了剧烈的冲突。

在工业社会早期，社会发展极度不均衡，并没有形成统一的高等文化，所以每一种历史中存在的次生文化为了存续下去，就急需得到政治上的支持和加强，每一种文化都希望有一个国家来维持，并且最好是它自己的国家。

所以在这个阶段，如果某种文化显得有政治前途，尤其是如果这些文化又代表了大量居住相对紧凑的人群的话，便有可能被精英群体所利用，根据历史上的领土或者仇恨，包装成一个群体的身份标识，使他们团结起来，这就是民族主义。

因此，工业化的过程往往伴随着风起云涌的民族主义革命，比如中国就是在洋务运动之后开始爆发的民族主义革命的。

是"民族主义"造就了"民族"，而不是我们通常以为的先有"民族"，后有"民族主义"。民族主义利用了业已存在的、历史上继承下来的多种文化或者文化遗产，并且往往把这些文化大加改头换面，用以对抗工业社会的通识侵蚀。

两次世界大战，包括今天中东乱局的根源，看起来是民族与民族主义，但其实都是农业社会在向工业社会转型的过程中，在两种不相适应的社会结构碾压下，"民族主义"被少数精英利用为斗争工具的结果。

总结：同质 VS 异质

如果只用一个词来概括工业文明区别于农业文明的以上种种特征的话，我想应该是"同质化"。

在文化与政治的关系上，一个工业社会是一个同质的社会，一个农业社会则是一个有着许多异质的亚文化的不同质的社会。

所以你看到农业时代的古城风格各异，而工业时代各地的建筑几乎长得一模一样。统一市场、统一语言、普遍的社会流动和平等、无处不在的标准化等，这就是工业时代的特点。

而工业 4.0 时代即将深刻改变的，是工业社会的同质化根基。

所以这一次工业革命不仅仅是技术变革，还可能会深刻地改变整个社会的规则和结构，使人类社会从异质化的农业社会和同质化的工业社会，发展进入个性化的数字社会。

人类历史有一个底层规律，就是每当社会发生剧烈变化的时候，社会的财富都会重新分配，顺应趋势的人获得财富，逆反趋势的人失去财富。工业 4.0 就是我们面前一次最大的趋势，它一定会深刻地影响社会的每一个角落，重塑整个人类文明。

所以无论你是做什么行业的，都应该仔细研究一下这一次工业革命的方向。因为只有如此，你才能知道在新的时代里，自己应该何去何从。

　　如果一个人过得好好的，他是不会闲得没事去找事的。如果一个产业好好的，它也断然不会嚷嚷革命的。而席卷全球的第四次工业革命实在是被逼出来的。近十年左右，全球制造业就像被套在一个魔咒当中，无法超脱出来。当然，制造业的"两强一大四枭雄"也不是吃素的，如今整个世界工业就像一次热闹的武林大会，你方唱罢我登场。光研究工业 4.0 的内涵是没用的，兔哥还是带大家一起，从头到尾地细数一下世界各国的武功路数吧！你会在这一章建立起一个欢乐的知识图谱，看到一张比工业 4.0 大 10 倍的世界未来工业全图。

第三章

困全球生产停滞，破危局群雄逐鹿

第一节
黑云压城——生产力停滞

> "生产率在短期内也许不是一切，
> 但在长期它就是一切。"
> ——经济学家 克鲁格曼

工业 4.0 被称为"第四次工业革命"，既然叫革命，我们就必须要知道两件事：

第一，为什么要革命？

第二，革的是谁的命？

为什么要革命？

革命这种事，不论是在政治领域还是经济领域都不容易，成本高，风险又大。如果一个人每天的日子都舒舒服服的，他是断然不会没事找事，天天想着革命玩儿的。

所以一旦用到"革命"这个词，就一定是遇到了某种很难受的情况，不得已而为之。工业革命，就是工业很难受；"全球性的工业革命"，翻译过来就是"全球的工业都很难受"。

这一点其实不用多说，所有当下处在社会经济生活中的人都应该有感觉。自 2014 年开始，不仅仅是中国，整个世界都弥漫着一种对经济悲观的情绪。经济学家们的相关解释也很多，比如金融杠杆的问题、货币政策的问题，或者区域政治的问题等，但我认为这些其实都是现象，而不是原因。

真正的原因是，生产力发展的巨轮减速了。

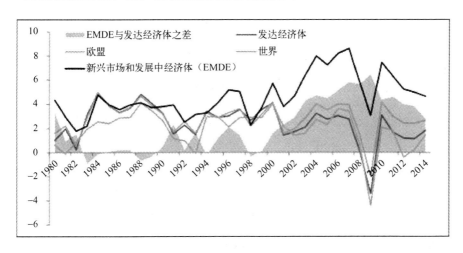

世界总体及其中各主要经济体的实际增长率，来源：《招商证券》

我们先看几个数字，全球劳动生产率增速从 2012 年的 1.8% 下滑到 2013 年的 1.7%，增幅已经连续第三年缩小，而这个数字在 2010 年还是 3.9%。

其实自从中国和印度这些大型新兴经济体 20 世纪 90 年代初崛起以来，除了 2001—2002 年和 2008—2009 年的经济衰退期以外，全球劳动力增幅很少低于 2%。

而到了 2014 年，全球劳动生产率的公布数字为 2.1%，工人的人均产出增速创下 21 世纪以来的最低水平，几乎所有国家和地区的生产率增速都明显下降。

你可能发现了一个问题，2013 年的 1.7% 到 2014 年的 2.1%，这不是提高了吗？为什么还说是世纪最低呢？

因为你不懂这个劳动生产率背后的文字游戏。

生产率主要有两种：

一种是劳动生产率，分为就业人均产出和就业人均小时产出。说白了，

就是投入资金和劳动力的回报；

第二种是全要素生产率（TFP），就是把劳动和资本排除掉，只看新技术、劳动技能、精神动力的提高，以及组织管理方面的改进等因素带来的生产率增加。简单地说，就是依靠创新获得的回报。

刚才说的全球劳动生产率，其实只是第一种：投入资金和劳动产生的结果。

如果兔哥是一个工厂主，一旦这个劳动生产率降低，就意味着我新投入的资金和人力的回报降低了，那我的第一反应是要干什么呢？一定是减少投资和劳动，因为不赚钱了嘛。投资是可以马上减少的，我只要不再扩大生产就行了；但是劳动力却不是说裁就能裁的，有劳动法管着呢，所以我还得撑着。

不过硬撑这件事也得有个极限。到了2014年，大部分公司终于撑不住了。回忆一下，那一年你是不是每隔几天就能在媒体上看到一些著名公司全球裁员的消息。

投资已经先于劳动力减少了，说白了之前还在养一些没有产出的人，如今失业率一上升，劳动投入突然一减少，这个劳动生产率的数字就会看起来有一个小幅回升。

但是这种依靠减少劳动力而获得的回升是不长久的，因为这一年的另一个指标——全要素生产率仍然下降了0.2%，这意味着经济的发展在持续进入冰冻期，人们把资本、劳动和技术转化为产出的能力在急剧减速。

如果说以往的几次经济危机都只是结构性和局部的问题，那这一次危机真正是一次全球性的生产力危机，美国、德国、中国、英国、法国、日本、韩国，全球制造业都面临着巨大压力，无一例外。

经济引擎的频繁异动、局部经济波动的不断加剧、各国刺激政策的不同及其潜在的负面影响、地缘政治对经济的持续冲击，这诸多因素叠加在一起，使全球经济复苏进程面临极大的不确定性，而且表现出极度的不均衡，世界经济格局仍在酝酿着结构性巨变。在这样的大背景下，全球经济疲软的态势很可能持续相当长的时间。

所以工业在这个时候不革一下命，真的是不行了。

革的是谁的命？

革命这件事，一定还得有一个明确的目标，就是我们现在的困难是因为什么，我们要做什么才能改变这个状况。所以我们必须找到这一次全球生产率停滞到底原因何在。

你会不会有些疑惑，我们在介绍工业 3.0 时曾说过，人类通过流水线和自动化，已经进入了产能过剩的时期。既然产能已经极大丰富了，就意味着我们生产的产品已经能够满足全人类的消耗了。照理说，当社会产品极大丰富时，我们应该是进入共产主义按需分配了啊，又怎么会受到生产力停滞的困扰呢？

这就要说到工业所面临的三大永恒的难题——产量、效率和灵活性。

在工业 1.0 和 2.0 时代，我们面对的都是产能不足的问题，就是通过不断的改进生产来突破产能的瓶颈。

而到了工业 3.0 时代，太极生两仪，工业的演进分化成了自动化和信息化两个分支，而自动化仍然是在继续解决产能的问题，信息化则开始解决效率的问题。

但是有一个问题始终没有被解决，这就是灵活性。

灵活性这么重要吗？

当然，人类社会的发展其实有一个分水岭，就是工业革命。工业革命之前，人类面对的最大问题是"生产不足"，而工业革命之后的最大挑战是"需求不足"。这里要注意需求和需要是有很大差别的，它跟消费能力有关：我一直都需要别墅游艇，但是我买不起，所以我就没有别墅游艇的需求。别墅游艇虽然我买不起，但是衣服还是买得起的，我想买一件跟我的身材完全吻合的衣服，但商场没得卖，去定制又太贵，这个需求就被压制住了。

换句话说，我们在一部分通用需求的满足上远远超过了全人类的所需，而在另一部分个性化需求的满足上却不及格。通用的那部分已经过剩，再投入也不会有回报；而个性化的那部分，生产成本又太高，需求释放不出来，这就是当下全球都面临的灵活性问题。

灵活性有三重含义：第一是如何增加可生产产品的种类，第二是如何缩短产品上市的时间，第三就是如何把前面这两件事做到跟大规模生产一样低的成本。

从大规模生产到大规模定制化生产，以通用型产品一样的成本和效率生产出多样性的产品，快速满足市场不断变化的需求。第四次工业革命，正是要解决这个问题。

那么如何解决这个问题呢？

在很多人的理解中，工业 4.0 就是机器自组织生产的无人工厂，或者是电视新闻里的机器人和全自动化生产线，但其实这是一个重大误解。

事实上，一条工业生产线的自动化水平越高，柔性化程度反而可能越低。

这一点好像跟我们平常的认知有很大的不同，所以我们要明白到底什么是"提升自动化水平"。

提升一条生产线的自动化水平，其实就是把原本的孤立生产拆解为流

水线生产，而在这条流水线上，每一个工人的动作都非常简单，可以不断地用机器来替代，替代率越高，生产的自动化水平就越高。

比如一条小轿车生产线上有 100 个工人，其中 80 个人可能都是从事一些重复性的体力劳动，但这些机械性地劳动只需要简单的条件触发（比如特定的温度、压力等），而是不需要创造性的思考的。

我们只要把这些人从事体力劳动和简单脑力劳动的工人都换成机器，再用 PLC（可编程逻辑控制器）做简单的控制，就可以大大提升自动化水平。

机器可以 24 小时不间断工作，不像工人会受到情绪等诸多因素的影响，也不像人的组织需要很高的管理成本，因而生产效率自然会大大提高，这也正是整个工业 3.0 时代的演进逻辑。

可一旦需求发生变化，比如从生产 A 车型到生产 B 车型，这条自动化生产线的短板马上就会暴露出来——改变人的动作很容易，重新培训一下即可；而改变机器就太难了，不但硬件结构可能需要更换，软件程序也需要重新编写，新的软硬件配合还需要进行调试，这个成本就会大大提高。

如果你跟一个全自动化生产线的车间主任说，要他上午生产 A 车型，下午切换为生产 B 车型，他一定觉得这是个不可能完成的任务，因为过去我们每生产一种新产品，就要重新建设或改造一条自动化生产线。

我们在新闻里看到的那些自动化流水线和机器人，都是工业 3.0 时代的技术，也就是"装备制造自动化"。

而实现大规模定制化生产的关键障碍在于，机器不能代替人进行复杂的思考和快速对环境的变化做出反应。

这个障碍是由于两个原因，第一是机器没有人这样发达的感官系统，

第二是机器没有人这样发达的大脑。所以解决的方法也就很明确，给机器先安装上感官系统（传感器和通信），再安上大脑（云计算和大数据）。

这个过程，就是我们前面说的"数据流动自动化"。

无论是德国工业 4.0、美国工业互联网，还是我们中国的智能制造，背后的根本问题都是如何实现数据流动自动化。

所以，无论是从历史的沿革来看，还是从当前世界制造业面临的问题来看，数据流动自动化都是工业 4.0 要解决的一个关键问题。

世界制造业格局

从世界制造业的格局来看，当今世界制造业分为四个梯队：

第一梯队是以美国为主导的全球科技创新中心。

第二梯队是高端制造领域，包括欧盟、日本。

第三梯队是中低端制造领域，主要是一些新兴国家，包括中国。

第四梯队主要是资源输出国，包括 OPEC、非洲、拉美等国。

如果再综合上世界政治格局的因素，话语权最重的国家可以说是"两强一大四枭雄"。

德国、美国为两强，牢牢掌握着世界制造业话语权的第一级。

中国作为制造业第一大国，虽然不是强国，但凭借全产业链和工业人口优势，对于德美也日渐形成压力。

老牌工业强国英国、法国、日本以及新秀韩国仍旧在一部分高端制造领域占据优势。

屁股决定脑袋，对于工业的未来，这些国家也都有着自己不同的看法。

下面我们就来分别说一说各国对于未来制造业的对策。

第二节
天外飞仙——美国工业互联网

> "十年以来第一次，全球商业领袖首次宣布，全球首选投资目的地不再是中国，而是美国。"
>
> ——美国总统　奥巴马

2008 年经济危机，以金融和虚拟经济在全世界独占鳌头的美国被打了一闷棍，奥巴马政府终于意识到了长期的经济空心化带来的系统性风险，所以美国政府率先制定了再工业化的顶层设计，这也是第四次工业革命（美国称之为第三次工业革命）的开端。

2011 年发布了《保障美国在先进制造业的领导地位》。

2012 年又发布了《获取先进制造业国内竞争优势》。

这两份报告被称为"先进制造伙伴计划"（AMP，Advanced Manufacturing Partnership）。

2014 年美国又发布了《加速美国先进制造业》，被称为"AMP2.0"。

这个计划主要干了四件事：

一、"建设国家制造创新网络"，这个网络由 45 家"制造创新机构"组成。

二、"先进传感、控制和平台制造技术；可视化、信息学和数字化制造"，这两句合起来也就是我们通常所说的"工业互联网"。

三、"先进制造材料"，发挥美国在尖端材料科技领域的优势。

四、"开展一种全国性的制造业形象现代化运动，更好地向年轻一代传授制造职业价值观"，这个目的在于建设先进制造的文化，保证制造业的人

才输送和商业环境。

需要注意的是，这四件事并不是并行的，第一件事的 45 个创新中心里其实已经包含了工业互联网和先进制造材料，只是这两个部分的重要性很高，需要单独推进。

所以如果再进一步抛开所有务虚和不能落地的套话外，美国真正在实施中干的大事只有两件：一是建设制造创新中心，二是重塑美国制造业先进文化。

建设制造创新中心

很多人以为，这个制造创新中心就是咱们中国的孵化器，或者是那种高校实验室，还有些地方政府在某些大企业的研发部门挂个牌子，也自称"制造创新中心"。事实上，这是个天大的误会。

这就要提到美国的创新模式。

在美国，虽然有一大批科研实力很强的高校，但是他们做的大多是前瞻性的研究。换句话说，他们研究的大多是十年之后的技术，能直接应用于商业和生产的比较少。

所以绝大多数的技术创新都是由企业的研发中心完成的。这些企业根据自身需要研发新的技术，然后通过专利保护获得利润和竞争优势。完善的专利保护制度虽然能够激励企业去做更多的创新，但是专利壁垒也阻止了很多规模相对较小的企业应用和改进新技术。

其实即使在一个大公司里，如果分成不同的事业部，一个事业部研发出的成果也很难传递给另外一个事业部使用。

而大多数的美国公司恰恰是采用这种独立事业部制度，有点类似于美国国家的联邦制度，各事业部的自主权比较大。研发、生产、制造、销售

都是各事业部自己做主，时间一久，割裂必然也就比较严重，研发上就很难形成有效的协同。

我曾经供职于美国 3M 公司，这是一家因创新而在全球享有盛誉的制造业公司，还是道琼斯工业平均指数的组成股之一，拥有超过 55 000 种产品，包括粘合剂、研磨剂、电子产品、显示产品以及医疗产品等。

3M 就是典型的美国公司事业部管理制度，而它之所以能以创新闻名，就是因为它在内部建立了一个创新技术大平台。

无论是哪个事业部的研发成果，都分门别类地放入 46 个技术平台中，而每一个子技术平台都用一个字母来命名，如微复制技术（Mr）、纳米技术（Nt）、特殊材料技术（Sm）、精密加工技术（Pp）、先进材料技术（Am）、柔性线路（Fe）、光控制（Lm）、薄膜技术（Fi）等。

这样就打破了组织的界限，能够让各事业部形成很好的研发协同，而且有一些暂时看起来没有商用价值的研发成果也可以被存入技术平台，供以后其他的研发人员使用。

3M 的很多著名产品，比如便利贴的来源，就是一个做工业品的事业部研发出了一种当时无法使用的黏度不够的胶。当时对于这个事业部来说，这个胶没有任何商业价值，如果是其他的企业，这个可能就会被作为一次失败的研发而被作废掉。但在 3M 却不是如此，因为这个研发被放入了技术平台的资料库里供其他各事业部查看使用。若干年后，另一个做办公用品的事业部研发人员找到了这个胶，并与正方形的贴纸组合到一起，推了一款享誉全球的产品。这就是一次企业内典型的跨部门、跨时间的研发协同。

靠着这个创新技术平台的方式，3M 公司分布于全球的 70 多个实验室和 8200 多名研发人员能够非常有效地协同，开发出了六万多种产品，能够

满足不同客户的需要。

3M 全球每年有 35% 的销售额来源于最近 4 年的新产品，而 3M 中国市场的新产品销售额更是接近总销售额的 50%。兔哥本人在 3M 工作时的感觉就是，几乎每年都有很多种新产品上市。

强大的研发创新能力让这家制造业公司保持了一百多年的活力，成为全球的创新典范，世界上有 50% 的人每天都会直接或间接地接触到 3M 公司的产品。

美国"先进制造伙伴计划"中的制造创新中心，其实就类似于 3M 技术平台的思路。首先按照不同的技术门类建立 45 个制造创新中心。截至 2016 年年初，已建成的包括"美国制造""数字制造与设计""电力美国""明日轻质创新""下一代柔性""先进复合材料制造""AIM 光子"这七个，其中"数字制造与设计"就是我们熟悉的工业互联网。

3M 技术平台

然后由政府出资，在这些机构成立最初的 5～7 年进行补贴，并且按照每年递减的方式确保它们可以逐步依靠自筹资金独立运营。

这些机构可以通过各种渠道获得支持，比如研究机构、研究机构的成员、各级政府、私企和个人捐助等，招募资金的方式也可以多样化，如会员费、服务活动费、知识产权版税、联合研究合同或按成果比例分成合同等。

这些创新中心的真正作用，是把研发从企业中分工出来，实现跨企业的研发协同，这样就可以惠及很多研发能力较弱的中小企业，他们只需要在创新中心研发成果的基础上做二次开发和商业化即可。

在美国人的理解中，创新是一种网络协作的结果，而不是某个能力突出的研发人员单点突破的行为。这种创新模式可大可小，既可以像美国这样由一个国家来做，也可以由 3M 这样一个企业来做。这种研发协同制度是保持美国制造业全球技术领先的关键。

重塑美国制造业先进文化

在乔布斯去世的前一年，他曾受邀到白宫与奥巴马青梅煮酒论英雄。席间总统问乔帮主："当今天下英雄，唯乔帮主……那个……跟你商量个事，能不能把苹果产品的组装搬回美国来？缺就业啊！"帮主诡异地一笑，然后淡淡地答到："它们永远也回不来了！"

这就是今天的美国制造业。

18 世纪，美国借着第二次工业革命的春风，把制造业的生产动力由蒸汽机转变成为电和内燃机。同时，大量的科学生产方式在美国纷纷涌现，促使其生产出大量的明星产品，比如亚美利加游艇、麦考密克收割机、辛格缝纫机、霍布斯锁……

现在看来，这些 19 世纪中叶的东西显得有点老土，但在当时的会展上，这些产品带来的震撼丝毫不亚于 iPhone6 和特斯拉电动车。

此外，美国制造在军工领域一直保持着领先，他们生产的柯尔特连发手枪，品质高、实用性好，充分体现了美国制造业的技术成就，而且这种优势一直保持到现在。

不过因为军工领域的特殊性，让人感觉现在美国制造没有之前拉风，毕竟，普通民众对于枪的兴趣是远远没有苹果手机大的。

在这些优秀产品的背后，是美国制造业技术和管理上的不断创新，而且催生出了大量风靡世界的制造品牌，像通用汽车、洛克希德等品牌全都是来自美国，这些公司的管理经验已经成为经典管理教材辐射到全世界，而他们的产品质量、制造工艺更是成为业界的标杆。

可以说，技术、管理上的持续创新，加上战争、工业革命等外部因素的刺激，共同缔造了美国制造的图腾。

但是从 20 世纪 70 年代开始，除了高新技术产业和军用技术还受到重视外，制造业在美国受到了前所未有的冷遇。

在政府的带动下，美国经济重心从制造业向服务业等第三产业转移，大量资本从制造业中撤出，部分大学甚至关闭了制造技术和制造科学的课程。

与之相对的是，这三十多年来美国信息科技和金融业的快速发展。

30 多年来，美国向世界输出了苹果、谷歌、耐克等知名品牌，也顺便把那些高污染、低利润的加工制造分到了其他国家。

从 2008 年经济危机之后，美国政府突然发现这种长期的经济空心化会给国家带来重大的隐患，所有的繁荣都好像是一个气球，虽然硕大无比，但是一戳就破。

所以美国开始致力于再工业化，吸引制造业回流本土，很多老牌制造工业就在这个阶段逐步回归故里。

2015 年，精密制造巨头史丹利百得时隔 25 年后重新在美国生产出了一套电动工具，这种看起来很小的事在美国却非常轰动。

因为，制造业终于回来了！

但是随着这些公司试图返回本土，一个尴尬的事实却浮出水面，美国的年轻人根本不愿意进入制造业工作。

所有回流的公司都在遭受技能工人短缺的困扰，美国的很多大学生在接受采访时明确表示，将来宁可去餐馆打工，也不愿意进入制造业成为产业工人。

制造业在美国年轻人眼里又土又累，是人生最下下策的选择，这种对制造业的歧视在美国非常严重。

所以美国面临的最重要的问题，并不是技术问题，而是必须重塑制造业在年轻人中的形象。

2013 年，肯尼亚首都内罗毕郊区的一座手机基站，因其中装配的应急电池产自美国工厂而登上了《时代周刊》的封面，这被称为美国制造业文艺复兴的开端。

为了改善制造业形象，美国还推出了"制造日"。当天举办了超过 300 项活动，吸引工人到 STEM（科学、技术、工程和数学）领域就业。你没看错，是科学、技术、工程和数学！这些中国人打破头要考进去的领域，在美国年轻人眼里却跟最恶劣的工作没什么两样。

为了迎合年轻人，主流媒体对制造业形象的刻画也开始变化，突出简约、高科技、创意和酷炫。

比如，3M 公司就是在 2015 年发布了其新的全球品牌标识和愿景，一改以往制造业严肃刻板的形象，力图给年轻人带来更酷更炫的感觉，以吸引人才。

文化是一个行业赖以生存的土壤，美国把制造业的文化建设提到了国家战略层面，这一点是非常值得我们学习的。

工业互联网

在先进制造伙伴计划中，建设创新网络和重塑制造文化这两项都是为了培育制造业的土壤，而美国在数据流动自动化领域的真正解决方案，是GE提出的工业互联网，这个也是我们最熟悉的一个概念。

"工业互联网"（Industrial Internet）——开放、全球化的网络，将人、数据和机器连接起来，属于泛互联网的一部分。

它通过传感器的嵌入使机器智能化，先实现机器之间的连接，再把人和机器连接在一起，最终通过软件和大数据分析实现各个系统的协同和效率最优化。

数据的流动分为两个管路：

第一，机器中的数据流动，是自动化，也就是通常所说的工控行业。

第二，人之间的信息流动，是信息化，也就是通常我们所说的IT行业。

这两个标准以往是完全不同的，它们的信息接口都没有开放给对方。

如今要实现数据流动自动化，就必然遇到一个问题：

谁迁就谁？到底是工控跟着IT走，还是IT跟着工控走。

美国在IT行业无疑是全球老大，老牌的IBM、思科、英特尔，以及新贵谷歌、亚马逊，都有不可撼动的地位。所以美国工业互联网的实质就是要从信息化层降维到自动化层，让信息化行业的标准成为自动化标准，依靠自己在信息化领域的霸主地位，继续领跑全球制造业。

工业互联网的精髓是三大元素：智能机器、高级分析、工作人员。

智能机器：

工业世界里存在着各种机器，很多机器组成一个设备组，很多设备组再组成一个大型设施，众多设施又组成一个系统网络。

那么要想把整个系统都智能化，就需要把先进的传感器植入到机器中，再通过传感器把机器和控制装置连在一起，最后通过软件程序把整个系统内的所有机器、设备组和设施都连接在一起，这样就组成了一个虚拟的工业世界。

简单地说，就是建一个云端平台，通过嵌入传感器把所有设备都做成类似智能硬件的产品，然后再连接到云端的平台上。

这个平台说起来很玄，但其实很简单，就类似我们手机里的安卓系统。各种现实生活中的人和服务都通过APP嵌入到了这个安卓系统中，实现了人和服务的连接，工业互联网只是在这个连接中又加入了机器而已。

这里面比较突出的，就是GE的工业云操作系统Predix，可以理解为工业领域的安卓。

Predix是一个软件平台，负责将各种工业资产设备和供应商相互连接起来并接入云端，并提供资产性能管理（APM）和运营优化服务。GE的APM系统每天共监控和分析来自1万亿设备资产上的1000万个传感器发回的5000万条数据，终极目标是帮助客户实现100%的无故障运行。

为了进一步扩大Predix的应用范围，GE在2015年宣布向所有企业开放Predix操作系统，以帮助各行各业的企业创建和开发自己的工业互联网应用。GE首席执行官伊梅尔特还表示，这将有助于培养工业互联网应用开发生态圈，更多的应用提供商将刺激这个领域的创新热潮。

从设备到云端，GE希望Predix能成为工业互联网事实标准，从而大大降低企业采用工业互联网应用的门槛。

高级分析：

现实工业世界在运行的过程中，会把海量的数据实时上传到虚拟的工业世界中，我们就可以对这些数据进行各种分析，优化设备、优化系统，不但可以监控运行状态，还可以通过算法来对未来进行预测。

我们很多人对这块的理解，跟淘宝的大数据一样，就是把数据收集起来，进行分析来预测客户购买行为。其实这就把工业互联网的力量看窄了，因为这种数据分析是滞后的，数据产生后再分析，而工业互联网的数据分析是实时的，每时每刻都在分析中。

工业互联网的另外一个真正具有颠覆性的地方，是以前我们只能监控一台机器的运行状态，而现在却可以通过多台机器的数据交换实现机器学习。

我们可以回忆一下，自己的知识是从哪来的，都是自己摸索出来的吗？显然不是，我们90%的知识都是通过与别人沟通和协作获得的。

工业互联网正是把人类的这个沟通和学习能力赋予了机器。

比如一台航空发动机，以前在它上面装一个传感器，我们可以监控到这台机器实时的运行状态。这个价值虽然有一些，但其实并不大。但是在工业互联网下，所有的航空发动机都装上了传感器，而且它们都连在同一个大的网络中。

在美国的蓝天白云下飞行的航空发动机和在中东沙尘暴里飞行的航空发动机，都把数据传到了工业互联网上。这样一台从没有到过中东的航空发动机，也能知道天气对飞行有哪些影响，如果它某一天突然需要飞中东，它就能够在网络中自己学习到有关中东的知识，并对自己的运行加以调整。连到网络中的机器越多所储备的数据越多，机器的学习能力就越强。

工作人员：

2016 年 3 月 12 日，谷歌旗下人工智能公司 DeepMind 开发的智能系统 AlphaGo（阿尔法围棋）和韩国职业围棋选手李世石九段的第三局比赛在首尔举行。

经过 4 小时的对弈，李世石投子认输， AlphaGO 再次胜出。很多人说这次比赛意味着人类的时代即将终结，人工智能终将代替人类。

兔哥完全不同意这种说法，因为如果这个 AI（人工智能）足够智能，那它是不会赢的。

它只会故意输给李世石，然后让人类放松警惕，自己慢慢发展，等它能彻底替代人类的那一天，就再也不给人类任何机会，想想兔哥还真是很邪恶呢……

但是机器永远不会这么做，因为它是机器。

在逻辑思考方面，人工智能是一定会超过人的。

因为在一个确定思维和确定规则的领域里，计算机一定会演化到极致。

但是在不确定的未知领域里，机器是永远无法超越人的，所以即便是在未来的工业互联网时代，机器也是不可能彻底代替人的。

工业互联网的第三大要素，就是把所有的人在任何时间都连接在一起，无论是在工作中还是移动中。同时还要把任何时间的机器也连接在一起，通过人的智慧来补充机器系统在创造和未知领域的缺失，提高设计、运营、维护等这些环节的效率和可靠性。

整个工业互联网把"智能机器""高级分析"和"工作中的人"这三大元素整合到一起，系统地提升制造业的运行模式。

即使只让效率提高 1%，到 2025 年，工业互联网的应用领域的市场价值也将达到 82 万亿美元，占到全球经济的一半，这将从根本上改变当前全球的生产力困局。

目的：

美国对制造业的互联网化，其实是有主动和被动两个因素的。

主动自然是为了不断地提升自己的产品竞争力。

而被动的因素是，全球经济放缓导致客户购买新设备的节奏放缓了，制造商为了维持增长，就必须认真考虑提升已购置设备应用效率，从存量设备上赚服务的钱。

在这个阶段里，类似 GE 这种在市场上拥有大量存量设备和占有率的制造商，就有发展工业互联网的天然优势。

虽然内力稍有不足，但可依靠一招天外飞仙，居高临下，打你个措手不及，这就是美国的工业互联网。

第三节
太祖长拳——德国工业 4.0

> "德国工业必须迈向数字化，现在我们已是时候开始制定标准了。"
> ——德国总理默克尔

"德国人再立新功，开发抗雾霾神器，瞄准中国市场""青岛地下水管

道中存有百年前的配件包，而且都用油纸妥善包好"……

我们会经常看到这类描写德国制造的报道在中国网络上走红。不过如果你仔细跟踪研究一下，就会发现这些大多是谣传。

这是一个德国在中国被神化的缩影，甚至可以说，"德国制造"在很大程度上是被中国人吹出来的。而真实的德国制造，远远没有我们想得那么舒服，否则它也不会想着要"革命"了。

我们对德国制造的印象是什么呢？"高技术""高质量""隐形冠军"……好像这些都是非常厉害的优点，但是实际上，这都是被逼出来的。

德国是一个以机械行业为主的制造业国家，其国土面积狭小，资源也很匮乏，人口只有8000万。正因为这些先天因素，所以德国制造支撑不起太多巨型的大企业，90%的德国企业都是不到500人的小单位。而且德国也没有办法发展资源型的行业，只能依靠向国外出口高附加值的产品，而且很多都需要在国外建厂生产，才能支撑国民经济。

以前，德国的中小企业在零部件和机床领域都占据着比较大的市场份额，甚至很多企业离开了德国部件都无法正常生产，这就使得德国中小企业的议价能力比较强，不容易形成恶性竞争，也是德国"隐形冠军"的由来。

但是这个路线越来越行不通了，因为德国面临了一个困局，叫作"成也风云，败也风云"。这个"风云"，就是德国的中小企业。

首先，一个胖子，是有很多玩法是一个瘦子承受不了的。

可惜，德国是一个精壮的瘦子。

首先，德国企业的平均规模很小，单一企业没有能力投入比较大的资金进行信息化建设，导致很多大企业采取的通过规模化降低成本的方式在德国实现不了。尤其是最近这些年，来自中国的规模化和低成本竞争对于

德国制造的压力还是很大的。在全球公认的 31 个制造业分支上，德国曾长期垄断了其中的 11 个，但自 2011 年 7 月以后，中国就在另外七个分支上排名第一了。另一方面，人口较少的德语系支撑不起大规模的互联网公司，德国国内的信息产业和互联网行业几乎完全被美国人所垄断，德国在信息产业上的话语权几乎为零。

第二，这些德国企业因为规模小，只有能力在自己专注的领域中持续投入研发力量，但是没有能力进行一些跨界的研发投入。因为跨界研发的失败率很高，大企业可以多试错几次，但是小企业错一次可能就是致命的，这也导致德国对于以美国为代表的互联网降维攻击缺乏有效的反制手段。

第三，就是德国的中小企业为了应对来自新兴市场的成本竞争，也开始不断地将制造外迁；加上德国的老龄化也比较严重，制造业的空心化势头非常明显。我自己在德国公司工作时，其实也能明显地感觉到，新一代的德国人受到欧洲各国的文化影响很大，他们已经不再像我们传说的老一辈德国人那样严谨和吃苦耐劳了。2015 年，德国引以为傲的职业工人制度第一次没有招满学生，同时德国大学的入学率却大幅上升，年轻人不再愿意进入制造业工作，德国制造业的人才危机也迫在眉睫。

这三个原因叠加在一起，使得德国必须要通过一个新的顶层设计，一场新的工业革命，来稳固自己在制造业的地位。而"工业 4.0"这个概念刚刚出来的时候，之所以看起来让人不明白，很大程度上就是因为它是一个防守型措施，并不是完全从市场的需求出发的，而是为了应对美国的先进制造计划，以及中国等新兴国家的追赶，而"生造"出来的。

你还别不信，从工业 4.0 正式出世时的一些有趣的细节就能证明这件事。

2013 年 4 月 7 日，汉诺威工业博览会的开幕，德国工程研究院的主席

和博世集团的董事长联合向德国总理默克尔提交了一份报告——《保障德国制造业的未来——关于实施工业 4.0 战略的建议》，当时是德文和俄文两个版本。

为什么德国的国家战略居然还会有俄文版呢？因为当时普京就在现场，俄罗斯是那一届的汉诺威工业博览会的伙伴国，但这一届展会除了德国企业外，参展最多的其实是中国企业。

从这里其实你就能看出来，今天吹得神乎其神的"德国国家战略工业 4.0"，其实在最初也就是一个试探性的报告，并没有那么高的战略高度。

而这一天，正好是乌克兰美女裸体示威的日子，当天德国的头条新闻都是关于这件事的报道，而关于工业 4.0 的报告完全被淹没在了信息的海洋中。

后来这个概念在中国走红，很大的原因是因为中国自身的制造业危机，导致我们必须要有一个救命稻草。

正因为这个貌似严肃的概念其实是很不严肃地诞生的，所以我们今天才会有一个很大的困惑，就是我们看不懂工业 4.0。感觉它好像兼容并包，大数据、物联网、云计算……貌似什么都能算工业 4.0，又好像什么都不是工业 4.0。这是因为我们把很多简单的东西神秘化和复杂化了，其实工业 4.0 就是解决数据流动自动化的问题，前面所有的那些名词，都是解决数据流动自动化的技术手段。

所以我们要实现工业 4.0，首先就要破除德国制造的神话，因为这些故事只会让你更看不清本质，只会盲目学习和全盘落地地生搬硬套。只有拨开这层迷雾，我们才能甄别工业 4.0 中的核心，把它们收为己用。

抛开所有神乎其神的概念，我把德国工业 4.0 的骨架总结为"一个目

标、三个维度、两个基石"。

1．一个目标

工业 4.0 的核心目标，就是实现数据流动自动化。这个简单地说，就是解决灵活性和产量效率之间的矛盾，用规模化的成本生产出个性化的产品。

2．三个维度

分别是纵向集成、端到端的集成以及横向集成。

首先我们要明白一个事情，就是"集成"跟"联通"是两件事。

所谓"集成"（integration），是指一些孤立的事物或元素通过某种方式改变原有的分散状态集中在一起，产生联系，从而构成一个有机整体的过程。必须要构成一个新的有机整体，才能叫集成。

简单地说，我们俩在微信上认识了一下，这不能算"集成"，只能算"连接"；而我们俩合伙做生意，或者领结婚证组成一个新家庭，这才叫集成。

所以物联网把设备互联互通了，这并不能叫"集成"了，只有通过云计算和大数据把这些联通起来的设备，重新组合成一个功能单元，才能算集成。所以物联网、云计算、大数据、自动化等，这些都不属于工业 4.0，只有它们"集成"在一起之后的那个集合体，才能算作工业 4.0。

纵向集成

这个是最容易实现的，因为它发生在一个企业的边界内部。自工业 1.0以来，主要的创新都发生在车间和工厂内部，是有边界的。在工业 1.0 和工业 2.0 时代，所有这些机器和技术的改进，都是把一个"点"做到最好的过程，比如把一台机器做到最好。而工业 3.0 的自动化和信息化，是在

车间里"连线"的过程中通过连线来增强单点的工作效率，通过管理信息系统增强人的协作效率，通过自动化系统增强设备的使用效率。

而工业 4.0 这个所谓的纵向集成，是把车间里的"线"再组成一个集合体，让它们重新组成一个"面"和一个新系统的过程。就是把工业 1.0和 2.0 中实现的最好的设备，以及工业 3.0 中的自动化系统和管理信息系统组合到一起，成为一个新的集合体，其核心目的是提高工厂车间内的生产效率。这是"数字工厂"的核心，也工业 4.0 的第一个维度。

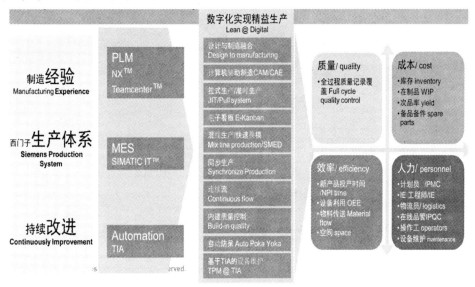

西门子的数字化企业平台

端到端的集成

在这个概念下，我们不再以一个工厂车间为视角，而是以一个产品、一条产业链为视角，来观察它的整个生命周期。

一部手机，在研发、设计、生产、制造、营销、供应链、物流等过程中，每一个步骤都需要时间，而每一个步骤的完成情况都会影响到下一个

环节。这个时候，每个环节都会成为一个瓶颈，产业链中的其他环节如果跟不上节奏，那无论你怎么提高车间内的生产效率都没有用。所以只有把这个单一产品的产业链上下游全部打通，让研发、设计、生产、制造、营销等这些环节上的人和机器都可以进行沟通和协作，才能够大大提高生产的效率和灵活性。

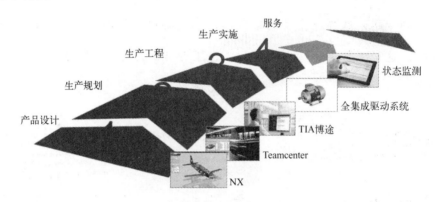

西门子端到端集成解决方案

比如西门子公司主推的 PLM 软件，就是针对一个产品生命周期各个阶段的端到端集成的软件。PLM 的典型方案有 Teamcenter、NX 和 Tecnomatix。

Teamcenter 能在西门子与其他制造商提供的软件解决方案之间管理和交换数据，还可以将分布在不同位置的开发团队和供应商等环节连接起来，形成一个统一的产品研发设计和生产制造的数据渠道。

NX 是主要的 CAD/CAM/CAE 软件套件（计算机辅助设计/计算机辅助制造/计算机辅助工程)之一，可针对产品开发提供详细的三维模型。它支持工程师虚拟创建、模拟和测试产品，还支持生产所需的机器设备。

Tecnomatix 软件是为整个生产的虚拟设计和模拟而开发的。借助这种被称为数字化制造的程序，公司可规划生产，同时进行产品开发。

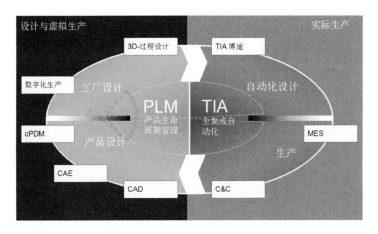

PLM 与 TIA，来源：西门子公司

端到端的集成，主要是减少产品生命周期中不必要的浪费，同时提高供应链的效率，最终达到增强用户体验的目的。这是"智能制造"的核心，也是工业 4.0 的第二个维度。

横向集成

这个主要是指产业链跟产业链之间互相跨界和融合的过程，它是工业 4.0 的一个高级阶段，终态是形成一个新的工业价值生态。

很多人认为横向集成，就是企业间的 B2B 电商，就是解决企业间的买卖关系，这个其实是没有抓住实质。

横向集成的关键，是要跨过组织的边界，通过企业间的协作产生化学反应，形成新的共生生态，这也是三大集成中最难的一个部分。

要把一个手机工厂车间整合在一起，工厂的总经理就可以说得算，是最简单的；把这个手机产品价值链的上下游整合在一起，在这个价值链中话语权最大的单元或者厂商联盟就可以说得算，相对难一些；而把手机和网络视频这两个产业链整合在一起，形成新的生态和工业价值链，这个谁说得算就很难说了；如果再加上电视、自行车、冰箱，甚至汽车、飞机……是

不是已经觉得晕了？

比较典型的是我们今天经常听说却看不懂的"乐视生态"。这样庞大的产业链整合，除了设备以外，人和人之间的利益协调和连接标准的制定也都非常复杂，也最难实现。目前，乐视生态的形成还是依靠传统的方式，也就是企业间的"横向协作"。如果在未来，通过信息技术，一旦把"横向协作"升级为"横向集成"，实现企业间实时的信息共享就会彻底打破产业链之间的边界，形成一个巨大的新生态系统，它的协同价值就将是不可估量的。

横向集成的目的是打破产业链的边界，实现跨界融合，重塑新的商业逻辑，这是"未来制造"的愿景。

工业 4.0 时代将不再有明显的行业区分，做手机的和生产汽车的会是同一家企业，互联网公司也可能同时是制造业企业，而制造业企业也可能会是金融公司。我们每天都必须面对来自跨界者的竞争和颠覆威胁，我们每个人都将终生奔跑于不被快速变化的时代所淘汰的路上，永无止境。

工业的未来，可能不再是工业。

3．两个基石

工业 4.0 这三个维度的实现，需要两个基石，分别是"CPS"（Cyber Physical Systems，信息物理系统）和"支持新工作方式与生产的外围环境"。

CPS

CPS 这个概念其实是由美国国家科学基金会（NSF）于 2006 年提出来的。这个概念非常有意思，跟工业 3.0 时代 PLC 的历史很像，都是由美国人提出，却在德国发扬光大的概念。

我们来看两个世界：信息世界和物理世界。

信息世界，是由工业软件、管理软件、工业设计软件、互联网和移动

互联网等要素组成的。

物理世界，是由人、动力源、设备、产品和外部工作环境组成。

把这两个世界融合在一起，实现计算、通信和控制，就是所谓的 CPS——信息物理系统。

举个例子，自行车在物理世界，互联网在信息世界。智能自行车，把传感器嵌入自行车中，通过物联网把数据传到云端，这叫"嵌入式系统"，其目的是监测运行状态。而智能自行车的 APP，除了基本的音乐、急救、定时等功能外，还有物联社交、骑行数据、智能控制、智能防盗等功能，这叫"智能产品"，其目的是实现更好的设备控制。

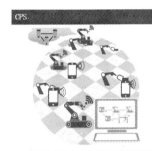

信息物理系统，来源：西门子公司

这两个过程都是一个软件对一个设备的监测和控制，而几十个各类 APP 都装载进了安卓系统。这个安卓系统实现了多个软件对多个硬件的控制，而且这些软硬件之间还可以实现协同和数据交换，比如你用微信账号也可以登录点餐的 APP，同时微信的用户习惯可以在一定程度上被点餐软件所调用，如果你老是在半夜三点登录微信，那么点餐软件就会给你推荐附近夜宵比较好的餐馆。

在这个过程中，安卓系统实现了多个软件对多个硬件的控制，也就是

一个类比的物理信息系统。

支持新工作方式与生产的外围环境

这个外围工作环境虽然往往被忽略，但却是工业 4.0 的框架中非常重要的一个部分。从互联网的最初发展中就可以看出来，人的利益集团之间的协调，比机器之间的协调要难出数倍，整个社会为适应新生产力而必须具备的文化土壤对于工业 4.0 的实现至关重要，所以不管是美国的先进制造计划还是德国的工业 4.0，都把这一条视作一个非常重要的环节。

提高生产率，缩短产品的上市时间，提高制造的灵活性，这是工业 4.0 最重要的三个目的。

结合上一节，你一定会发现，美国工业互联网更偏重于对生产设备的维护和使用管理，而德国工业 4.0 更偏重于生产制造过程本身，这是因为德美两个国家的工业基础和面对的挑战差别很大，他们都希望能从自己擅长的地方出发，主导这一次工业革命。

太祖长拳，稳扎稳打，招式虽不花哨，但依靠雄厚的根基跟你比拼内力，这就是德国的工业 4.0。

第四节
群龙戏珠——英法日韩

> *"信息通信技术（ICT）和制造业的融合，*
> *使传统制造业正迅速转变为高附加值产业。"*
>
> ——韩国总统 朴槿惠

"武林至尊，数字制造，号令天下，莫敢不从。"为了争夺未来制造业

的制高点，江湖上风云再起，除了德美两个泰山北斗外，制造业还有很多门派独树一帜，他们围绕着各自擅长的领域，争夺未来制造业盟主之位，一场群龙戏珠的大戏就此开幕。

英国

2013 年，几乎与德国工业 4.0 同时，英国公布了《未来制造业：一个新时代给英国带来的机遇与挑战》，也称"英国未来制造业预测"。

英国是第一次工业革命的起源国，制造业曾经给英伦三岛带来了 300 多年的经济繁荣。但自 20 世纪 80 年代以来，英国跟美国一样，开始推行"去工业化"战略，不断缩减钢铁、化工等传统制造业的发展空间，汽车等许多传统产业都被转移到了劳动力和生产成本相对低廉的发展中国家，而本土则集中精力发展金融、数字创意这些高端服务业。

如今的英国感觉已经是一个二流工业国了，二流到我们可能都不太了解它的工业状况了。

2015 年，英国制造业以 11% 的总附加值和 54% 的总出口额排名全球制造业第十一位。而在 2006 年时，它还排在全球第六位。当前，英国只有 260 万人就职于制造业，工业人口不足的问题很严重。制造业中唯一表现不错的是航空业，全球排名第二位；除此之外，汽车业的表现也不错。

英国"未来制造业预测"的内容，主要包括三个方面：

1. 制造业人才培养

这个其实就是英国版的"制造业文艺复兴"。

英美情况类似，年轻人不愿意进入制造业工作，所以为了配合制造业回归，英国政府首先加大力度培养制造业人才，打破大众轻视制造业就业

的看法，培养大量工程师，吸引更多年轻人到制造业就业。

2011 年启动的"开放和了解制造业计划"（See Inside Manufacturing）就是其中之一。这项计划以汽车行业为主，2011 年 10 月的时候，40 多家汽车企业在英国各地进行了 100 多场招生活动。通过在汽车企业进行培训，让年轻人深入了解制造业以及制造业所从事的工作，体验到制造业的就业价值。

2. 制造基地建设

由于制造业长期的空心化，英国的产业链已经不全了，即使一些制造企业回流，也会面临找不到上游供应商的尴尬。所以在确保制造业人才的同时，英国政府还下了大力气来推进制造基地的建设，面向境外企业进行招商。以汽车产业为例，英国建设了很多制造基地，为一些境外企业提供平台，让它们能在这里制造最高端的产品，以便进入欧洲市场。

为了支持制造基地的发展，早在 2011 年 12 月，英国政府就投资了 1.25 亿英镑，以打造先进的制造业产业链。这项"先进制造业产业链倡议"不仅仅面向汽车、飞机等传统产业，还面向英国在世界领先的可再生能源和低碳技术等领域，力图能支撑英国制造业企业在全球市场中发挥重要作用。

3. 启动战略研究项目

1990 年，制造业在英国经济中的比重还有 17%，而如今，这一比例还不到 10%；同时，新兴产业和技术不断涌现，市场竞争越发激烈，消费者对产品和服务的需求也发生了巨大变化。在这个背景之下，英国政府启动了对未来制造业进行预测的战略研究项目。该项目是定位于 2050 年英国制造业发展的一项长期战略研究，通过分析制造业面临的问题和挑战，

提出发展与复苏英国制造业的政策。

这项战略研究于 2012 年 1 月启动，2013 年 10 月形成最终报告，正是我们这一节开篇提到的《未来制造业：一个新时代给英国带来的机遇与挑战》。

按照这个报告中的观点，制造业并不是传统意义上"制造之后进行销售"，而是"服务+再制造"（以生产为中心的价值链），主要致力于四个方面：更快速、更敏锐地响应消费者的需求，把握新的市场机遇，可持续发展，加大培养高素质劳动力的力度。

上面这三条是不是有点眼熟？没错，措辞上略有差别，但是实际上跟美国的理念是非常类似的。

简单地说，就是通过人才培养来弥补制造业劳动力上的短板，通过研发、设计、维护环节的增值，来规避生产制造环节的短板。

需要注意一下，英国对于未来制造业没有专门强调互联互通的事情。

这很好理解，因为英国确实在自动化和信息化两个方面都没有太突出的优势，所以英国专门强调了自己比较擅长的领域：环保、绿色制造和循环制造。

如果你看到这里，就认为英国作为一个二流工业国，政策只是跟随美国，而且绿色制造的概念也无甚新意的话，就大错特错了。

因为英国对未来制造的理解独树一帜，因为他们既不打算从自动化延伸到信息化，也不打算从信息化下沉到自动化，他们是打算用金融数字化把前面的两个化都吃掉！

2016 年 1 月 19 日，英国政府发布了一份关于区块链技术的重要报告：《分布式账本技术：超越区块链》，这标志着英国正式把区块链技术上升到

了国家战略层面。

区块链这个东西大家可能不太熟悉，它有一个更广为人知的名字，就是比特币。它是由神秘极客中本聪发明（此人至今真实身份不明，疑似日本人），并以论文的方式将详细阐述的原理发送到互联网论坛上。区块链其实就是比特币的底层技术思想，而比特币是区块链技术的一种应用。

要把这个技术搞明白，我得讲一个故事，叫作《兔哥与小茗同学的 5块钱恩怨》。

从前，兔哥要付给小茗同学五块钱，我掏出钞票，潇洒地甩给小茗同学，并在自己的小本本上记下："我给了小茗同学五块钱。"

小茗拿到钱，在自己的小本本上记下："兔哥给了我两块钱，他还欠我三块钱！"

我的天！账对不上了。听谁的？谁在说谎呢？

当然，我和小茗同学认识多年，他断然不会这么耍赖，但在社会的实际经济活动中，有很多陌生人之间的交易，两个当事人之间彼此难以信任，他们如何实现交易呢？

这时候就需要一个提供信用背书的第三方出场了……最初是由村里最有威望的长老，后来就演变成银行，既然你们都能够信任我，那这账就由我来记录吧！保证账目不偏不倚、不会出错！

不过长老和银行也要生活，不能一天到晚免费给你们干这事啊，所以这手续费可不能不交。而且万一长老记性差了，银行系统坏了，储户存款丢失，存折变报纸这种事，大家也不想啦，多多包涵吧！

这个时候，马云跳出来说："不愿意走银行的可以走我们的第三方支付啊，手续费我可以不收。"兔哥正在高兴，他突然又冒出了下半句："不过

要用你们的大数据变现，……"

在现实世界中，因为提供信用背书的第三方掌握了太大的权力，所以就带来了很多安全隐患和道德风险。

那么兔哥和小茗同学的交易，怎么能去中介化，踢开银行和第三方支付呢？

不如我们约法三章吧，用一套制度来保证咱们谁也不能单方面地篡改记录。这套制度，就是区块链。

第一条规则：

每次交易，咱俩中间只能由一个人记账，具体谁来记，咱们石头剪刀布决定吧。如果一笔交易两个人分头记账，就很容易两套账本对不上；但如果每一次都是一个人记账，这个人权力又太大，容易搞点贪污腐败，那么石头剪刀布就是最好的方法，因为每次记账的人都是随机的。公平！

在实际的区块链运转机制中，自然不会是石头剪刀布这么简单，而是让全网所有的节点比赛，看谁先算出一个前 X 位都是 0 的随机数，谁就能获得这一次的记账权。这也太难了……需要非常大的的运算量，比如比特币网络，整个网络系统大概每十分钟才能找出一个前 10 位都是 0 的随机数，而且这些节点是类似石头剪刀布这种博弈的方式，只有一个赢家，所以可以确保只有一个节点进行记账。这个争夺记账的过程，就是所谓的"挖矿"。

第二条规则：

甭管这一轮是谁记账，另一个人都必须原封不动地照抄一遍，并放进自己的账本，而且全世界所有其他人也同时会在自己的账本里照抄一遍（全网同步备份）。这样就把我们俩达成的共识记录在了全网的每一个角落里，一方面保证数据不会遗失，另一方面也可以对抗某一个或某几个阶段单方

面的篡改账本。

说是照抄一遍，但是这个照抄是系统通过密码学和程序自动完成的，而不是人为的，所以交易的内容是加密的。虽然密文是全网同步备份，但是没有对应的钥匙（私钥），普通人还是看不到具体的内容，也就是说，每个人手里都有全世界的账本，但是你只能看到跟自己有关的帐，这就确保了数据的私密性和安全性。

第三条规则：

记完账之后，我们再在字迹上盖个印章，印章上还记录着盖章的时间（区块链时间戳），这样下次再对照时，只要印章完好无损，就说明字迹没有被篡改过。这样一来，一旦账本记好，我们俩就谁也不能再编辑篡改了。这个"印章"其实就是区块正文对应的 Hash（Merkel 根），只要正文被篡改了哪怕一丁点，Hash 就会变得完全不一样，大家也就知道正文被篡改了。而这种单方面篡改的内容，由于跟大家的账本都不一样，就会被整个区块链系统抛弃，被认定为假账。

在区块链体系的转账交易过程中，数据只能被转移，不能被复制。也就是说，如果区块链中记录着 5 块钱已经给小茗同学了，那兔哥这里就再也不会有了。所以它可以代表价值，股权、债权和各种权利都可以在区块链上流动，而不需要银行、券商、交易所来背书了。

总结这三条规则，区块链其实就是一个所有人共同维护的数据库，一个分布式记账的账本。每次我和小茗同学交易的时候，全网所有的节点都参与争夺为这次交易记账的权力，争夺的过程是解一串非常复杂的方程组，谁的算力大，谁就可能先解出来，获得记账权。同时，比特币网络会给负责记账的这个节点也额外加上一块钱（挖矿）作为奖励，然后再把这个节

点记录的交易通知全网备份，把这次交易像链条一样加密后放在此前所有交易记录的后面，这就是区块链。

整个过程通过公开的规则和密码学算法保证了交易不可能被篡改，这就是区块链的基本原理。

区块链是比特币的底层技术，比特币是区块链 1.0 的应用，是一场不太成功的货币实验。而区块链 2.0，就是智能货币和智能合约，它通过密码学的算法保证，赋予电子货币和电子合同以智能，让它们能够不被篡改地自行执行下去。这个技术如果与物联网相结合，就将会成为未来工业机器自组织交易最关键的技术之一。

你千万不要小看区块链技术对于制造业的影响力。2016 年年初，美国硅谷的一家创业公司用区块链去中心化的方法，搭建了一个分布式的太阳能发电网络，没有发电设备的家庭可以通过智能电表和区块链智能合约直接从太阳能电量富余的家庭那里购电，而不需要并网，这意味着未来我们也许不再需要国家电网了！

跟德美相比，英国无论是自动化还是信息化，都难有优势，但是它的金融业非常发达，伦敦至今仍是全球金融中心，所以英国把区块链技术中的分布式记账和智能货币、智能合约都上升到国家战略层面。英国的这一步妙棋，使得它在工业 4.0 时代的竞争潜力不容小觑。

内力不如德国，灵动不及美国，但是我剑走偏锋，跟你在制造业中打金融牌，这就是英国对未来制造业的思考。

法国

2013 年，法国人的《新工业法国》正式发布。

英法这两个老牌工业强国当前面临的困境很类似，我们如今说到法国，

总是能联想到美酒、美食，可就是想不到它发达的制造业。

法国工业产值近十年来在国内生产总值中的占比已经下降了 4 个百分点之多，减少了 75 万个就业岗位。世界银行的统计数据则更加不乐观，称1971 年时的法国工业尚占其国内生产总值的 33.6%，到了 2013 年仅占18.8%，下降了几近 15%。而来自世界经济论坛的国家竞争力报告显示，法国的国家竞争力排名已远远落在了美、日、德等制造业大国之后。

"去工业化"给法国的制造业和就业都带来了越来越明显的压力，在各国纷纷出台制造业强国战略的同时，法国政府也意识到了"工业强则国家强"，于是在 2013 年 9 月推出了《新工业法国》战略，旨在通过创新重塑工业实力，使法国重回全球工业第一梯队。

这个战略是一项 10 年期的中长期规划，其主要目的是解决三大问题：能源、数字革命和经济生活。其中共包含 34 项具体计划，分别是：可再生能源、环保汽车、充电桩、蓄电池、无人驾驶汽车、新一代飞机、重载飞艇、软件和嵌入式系统、新一代卫星、新式铁路、绿色船舶、智能创新纺织技术、现代化木材工业、可回收原材料、建筑物节能改造、智能电网、智能水网、生物燃料和绿色化工、生物医药技术、数字化医院、新型医疗卫生设备、食品安全、大数据、云计算、网络教育、宽带网络、纳米电子、物联网、增强现实技术、非接触式通信、超级计算机、机器人、网络安全、未来工厂。

怎么样，是不是看完都晕了？不知道浪漫的法兰西人到底要干什么？其实这是因为法国制造业其实有一个特别大的优势，就是它的产业链是欧洲最全的，各个门类都有，这一点比德国还要厉害很多，所以它想要突出这个全产业链优势，多点开花。不过理想很丰满，现实很骨感，这个计划虽然很全面，但这种什么都干的政策，根本就没办法执行下去。

所以，两年之后的 2015 年 5 月 18 日，法国政府对"新工业法国"计划进行了大幅调整，也就是"新工业法国 II"。

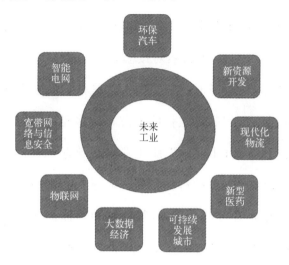

"新工业法国"的未来工业及其九大支点

这份调整后的法国"再工业化"总体布局，就是"一个核心，九大支点"。

一个核心，即"未来工业"，主要内容是实现工业生产向数字制造、智能制造转型，以生产工具的转型升级带动商业模式变革。

九大支点，包括大数据经济、环保汽车、新资源开发、现代化物流、新型医药、可持续发展城市、物联网、宽带网络与信息安全、智能电网等，一方面旨在为"未来工业"提供支撑，另一方面旨在同时提升人们日常生活的新质量。

法国政府在"新工业法国 II"的具体操作上，也制定了详细的路径。

根据法国经济部计划，2015 年秋法国"未来工业"项目将正式和德国工业 4.0 项目建立合作关系；2016 年，法国公布"未来工业"标准化战略。对于"未来工业"的宣传推广，法国也将仿照德国汉诺威工业博览会模式，举办类似大型活动。

是不是看着也有点眼熟？

没错，在这一次大调整中，效仿德国的痕迹非常明显。

法国经济部长马克龙在文件中明确声称，法国未来工业的发展方向就是能够与德国工业 4.0 平台"自然对接"。

法国经济部也清楚地写下：与德国合作是法国工业升级的一大重点。在法国"再工业化"历程中，这样的表态并不多见。

法国的"新工业法国计划 II"跟工业 4.0 比起来并没有太多差别。但是这里释放了一个非常重要的潜在信号，就是法国"再工业化"路线将会全面学习德国工业 4.0，这也标志着德法这两个欧洲大陆核心国家对于制造业未来达成了一致，这意味着工业 4.0 将成为整个欧洲制造业的战略。

此外还有一个很关键的地方，就是法国制造业虽然跟德国比起来有所不足，但是作为老牌制造业强国，它在制造业的管理方面还是有很深厚的积淀的。而正因为法国制造业弱于德国，他们为了保证在新兴国家中的市场地位，反而比德国人更愿意输出自己的制造业管理经验。

从法国制造业巨头施耐德的动作来看，这家公司为了形成自己独特的竞争优势，他们更偏重向发展中国家输出自己的精益生产经验和数字化生产方式，将自身上百年的制造业经验输出给新兴市场的制造企业，然后把这些经验固化为工业软件系统，最后再根据精益管理和工业软件系统的要求，为客户匹配相应的自动化升级改造。施耐德把这个法国版本的工业 4.0 称为"工业智造"，其实我本人也作为顾问参与了这个概念的制定过程。

简单地说，德国的工业 4.0 是做一款超强的万能药，无论你得什么病，我都给你吃这味药。法国的工业 4.0 是我的药一般，但是我的医术不错，我能先给你看病，然后再根据望闻问切的结果给你开药。

以经验和解决方案对抗德国制造的强势产品，法国企业的这个思路对于类似中国这种从工业 1.0 到 3.0 都存在的、水平参差不齐的新兴市场来说，也是非常有吸引力的。

德法合流，意味着工业 4.0 正在成为整个欧洲的战略，越来越多的欧洲国家开始参与其中。2015 年 2 月，欧盟在未来工厂（Factories of the Future，FoF）公私伙伴关系（PPP）的计划下启动了一个名为 FOCUS 的新项目，通过从 FoF 现有的集群中遴选出五个集群，探索能够促进未来工厂项目成果商业化应用的方法。

参与 FOCUS 项目的五个集群将分享其经验和最佳实践，从而有助于更好地实现项目成果的转化，以及研究如何最好地利用协同效应。此外，欧洲未来工厂计划还将开发可应用于目前参与项目的集群，以及未来集群的生产方式。

FOCUS 项目遴选出的集群有：零缺陷制造集群、清洁工厂集群、机器人集群、高精度制造集群，以及维护与支持集群。在上述五个已有集群的基础上，FOCUS 项目还将建立模型并开发相关研究方法，以更加有效地创建、运行并监督未来工厂集群，并促进未来 FoF PPP 项目的商业化应用及产业开发。

欧洲 7 个国家的 11 个合作伙伴将联合其专业技能和知识，确定集群的最新技术现状。通过共享现有的合作关系，建立新的合作，从而建立一个能够实现技术共享的网络平台。这些合作伙伴中包括弗劳恩霍夫研究所、Delcam 公司和飞利浦公司等。

武林前辈法兰西在如今江湖威望已经不足，无法做到德国那样一呼百应了。但毕竟也是当过武林盟主，实力尚存，底蕴不错，所以它们把德国的工业 4.0 直接拿过来，用以和德国争夺欧洲霸主地位，希望能够以彼之

道，还施彼身，这就是新工业法国。

日韩

日韩这两个国家，作为典型的东亚发达国家，严重老龄化是它们共同面对的问题。好像有儒家传统的东亚国家，在发达起来之后，都会出现少子化问题，这是一个有趣的规律。也许是儒家传统的家庭宗族观念给了年轻人太大的压力，车子、房子、嫁妆、学区，这些想想都头大，大家就都不愿意生孩子了吧。

比如日本，65 岁以上的老人占其总人口的 25.1%，劳动人口持续减少，从 8000 万人减少到了 7901 万人。而社会保障费用支出在 2012 年度却高达 108.5568 万亿日元，接近国民收入的 30%。韩国的老龄化问题基本同日本类似。其实中国近几年也开始出现这个苗头，90 后的人口规模只有 80 后的一半了。因为人口减少，人力成本不断上升，所以日韩这两个国的制造业策略，也都偏重在机器人和人工智能领域。

2014 年，韩国率先发布智能机器人开发五年计划，后来又发布了"制造业革新战略 3.0"。

紧接着，2015 年，日本发布了"日本机器人新战略"。这一战略提出 3 大核心目标，即要成为"世界机器人创新基地""世界第一的机器人应用国家""迈向世界领先的机器人新时代"。

为了实现上述三大核心目标，日本制定了 5 年计划，旨在确保日本机器人领域的世界领先地位。

日韩对机制造业未来的发展做出了清晰的展望：他们认为接下来的一个时代，是机器人革命的时代。

首先，随着传感器、人工智能等技术进步，汽车、家电、手机、住宅

这些以往并未被定义成机器人的物体也将机器人化。

其次，从工厂到日常生活，机器人将得到广泛应用，工业机器人和服务机器人将成为两大分支。

第三，强化制造与服务领域机器人的国际竞争力，解决社会问题，产生新附加值，使人民生活更加便利、社会更加富有。

接下来，日韩又对机器人技术路径做出了判断：

一、自主化。机器人从被操纵工作向自主学习、自主工作方向发展。

二、信息化。机器人从被单向控制向自己存储、自己应用数据方向发展，像计算机、手机一样替代其他设备成为信息终端。

三、网络化。机器人从独立个体向相互联网、协同合作方向发展。

再接下来，日韩是对机器人商业需求方向的理解：

一是易用性，在通用平台下，能够满足多种需求的模块化机器人将被大规模应用。以前，机器人应用的主要领域是汽车、电子制造产业等精密行业。而在未来，机器人将更多地应用于食品、化妆品、医药等产业，以及更广泛的制造领域、服务领域和中小企业。为了顺应这个趋势，未来要研发体积更小、应用更广泛、性价比较高的机器人。

二是灵活性，在机器人现有应用领域，要发展能够满足柔性制造的频繁切换工作部件的机器人。

三是机器人供应商、系统集成商和用户之间的关系要重新调整，靠后续服务盈利的模式会越来越普及。

四是自主化、信息化和网络化机器人的需求会大大增加。

五是机器人概念本身将发生重大变化。以往机器人要具备传感器、智能控制系统、驱动系统等三个要素，而未来机器人可能仅有基于人工智能

技术的智能控制系统。也就是说，未来可能有很多机器人都不存在实体，而是人工智能程序。

为了迎合机器人的发展方向，日本还制定了六大重要举措：

一、一体化推进创新环境建设

成立"机器人革命促进会"，负责产学政合作以及用户与厂商的对接、相关信息的采集与发布；起草日美自然灾害应对机器人共同开发的国际合作方案和国际标准化战略；制定管理制度改革提案和数据安全规则。

同时，建设各种前沿机器人技术的实验环境，为未来形成创新基地创造条件。与日本科技创新推进小组合作制定科技创新整体战略。

二、加强人才队伍建设

通过系统集成商牵头运作实际项目和运用职业培训、职业资格制度来培育机器人系统集成、软件等技术人才；加大培养机器人生产线设计和应用人才；立足于中长期视角，制定大学和研究机构相关人才的培育；通过初、中等教育以及科技馆等社会设施，广泛普及机器人知识，让人们学会在日常生活中如何与机器人相处，理解机器人的工作原理，形成与机器人共同工作生活的机器人文化。

三、关注下一代技术和标准

一是推进人工智能、模式识别、机构、驱动、控制、操作系统和中间件等方面的下一代技术研发，同时还要关注没有被现有机器人技术体系纳入领域中的创新。

二是争取国际标准，并以此为依据来推进技术的实用化。

四、制定机器人应用领域的战略规划

制定到 2020 年制造业、服务业、医疗护理、基础设施、自然灾害应对、

工程建设和农业等机器人应用领域未来 5 年的发展重点和目标，并逐项落实。此外，还有很多潜在的机器人应用领域，如娱乐和宇航领域等，未来也要制订相关的行动计划。

五、推进机器人的应用

一是以系统集成为主，推进机器人的安装应用。

二是鼓励各类企业参与，除了现有机器人厂商外，中小企业、高科技企业和信息技术企业都可参与到机器人产业之中。

三是机器人被广泛应用于社会的管理制度改革，"机器人革命促进会"与日本制度改革推进小组合作制定人类与机器人协同工作所需的新规则。

六、确定数据驱动型社会的竞争策略

未来，机器人将成为获取数据的关键设备，实现机器人随处可见，搭建从现实社会获取数据的平台，使日本获得大数据时代的全球化竞争优势。

日本为机器人产业发展制定了完善的五年短期计划。

主要完成八项重点任务：成立机器人革命促进会、发展面向下一代技术、实施全球标准化战略、机器人现场测试环境建设、加强人才储备、推进制度改革、加大扶持力度和考虑举办机器人奥运会。并且制定了制造业、服务业、医疗护理业、基础设施、自然灾害应对、工程建设、农业、林业、渔业和食品工业等应用领域未来 5 年的发展重点和预期目标。

不走普遍的功法修行之路，避开与工业 4.0 和工业互联网的正面碰撞，转而抢占人工智能和机器人技术的制高点，自成一派，这就是日韩的机器人战略。

工业 4.0 与工业互联网的合流

工业 4.0 与工业互联网从一出世就是两个鲜明对立的阵营，但是出乎

所有人的意料，这两个平台居然合流了！

2016年3月，工业4.0平台（Plattform Industrie 4.0）和工业互联网联盟（Industrial Internet Consortium，IIC）的代表在瑞士苏黎世会面，共同探讨双方分别推出的架构的潜在一致性，即工业4.0参考架构模型（RAMI4.0）和工业互联网参考架构（IIRA）的一致性。

这次会议最终取得了一些有意思的成果：双方就工业4.0和工业互联网两种模型的互补性达成共识；以初稿对应图来反映两种元素之间的直接关系；以及构建清晰的路线图，以确保未来的互操作性。其他可能实现的议题还包括在IIC测试平台和I4.0测试设备基础设施，以及在工业互联网标准化、架构和业务成果等领域开展合作。

我们先来看一下，关于这次合流，相关各方都是怎么说的：

德国联邦经济事务与能源部国务秘书Matthias Machnig："我们对这两项计划的合作表示欢迎，它将成为企业间国际合作的重要里程碑。IIC和工业4.0平台的综合优势将有助于为我们国际企业的数字化经济互利发展奠定基础。"

西门子股份公司（Siemens AG）管理委员会成员兼首席技术官、工业4.0平台技术总监Siegfried Russwurm博士教授表示："与其他计划合作至关重要，尤其是对于德国的外向型经济而言更是如此。我们对与其他计划广泛开展合作以便为全球标准化创造条件有着极大的兴趣。与IIC以及与其他联盟合作是我们朝着正确方向迈出的重要一步。"

工业互联网联盟执行董事Richard Mark Soley博士评论道："这项努力显示，聪明的技术型人才可以弥合任何差距并找到解决问题的方法，否则这些问题就可能对迈入物联网技术的工业应用构成障碍。我为所有参与者喝彩，感谢他们所做的初步工作，并期待未来能够合作成功。"

博世（Bosch）管理委员会成员 Werner Struth 博士表示："这对于工业界采用工业物联网而言是一项巨大成就，因为它将大幅简化技术选择，并显著提升互操作性。"

SAP 执行委员会成员 Bernd Leukert 强调了由 IIC 和 Plattform 工业 4.0 发起的测试平台计划之间保持一致的重要性："这将有助于小公司和大企业在测试用例和推出标准方面更顺利地开展国际合作。"

通用电气数字部门（GE Digital）首席体验官 Greg Petroff 表示："打破技术孤岛壁垒和改进这些架构的整合工作，将成为推动物联网发展的关键。此次合作将有助于建立充满活力且标准统一的社区，并以此推动整合，进而解决全球最棘手的挑战。"

IIC 指导委员会成员、MITRE Corporation 网络安全合作关系高级首席工程师 Robert Martin 表示："结合工业互联网联盟和工业 4.0 平台联盟的工作，将大幅提高双方工作的国际价值，并帮助厘清和解决全球工业物联网市场面临的问题和疑虑，这比各自单独行动来得更快、更高效。"

IIC 指导委员会成员、Real-Time Innovations（RTI）首席执行官 Stan Schneider 表示："很高兴看到这两家顶级的工业物联网组织能够极力融合彼此的工作。工业 4.0 在工业制造和工艺方面的坚实基础能够与 IIC 着重于医疗、运输、电力和智慧城市等新兴工业互联网应用的做法完美融合。我们将积极致力于让 DDS 和 OPC UA 基础连接标准的连接基础设施保持一致，同时期待推动工业物联网在所有行业的快速发展。"

苏黎世会议最初由这两家组织的指导委员会的成员博世和 SAP 提出。此次会议上成立了非正式小组，该小组将继续致力于探索 I 4.0 和 IIC 之间协调一致的可能性。开放的非正式探索小组包括博世、思科（Cisco）、IIC、

Pepperl Fuchs、SAP、西门子、Steinbeis Institute 和 ThingsWise。

这里面透露出两个信息：

第一，没有永恒的敌人，只有永恒的利益。工业 4.0 和工业互联网原本的方向就没有非常大的冲突，障碍主要在标准上，为了双方共同的利益，存在合流的可能性。

第二，从会议的促成方来看，德国企业的热心程度明显要高于美国企业，因为德国工业 4.0 是整个欧洲的战略，而工业互联网却只是美国 GE 等几个公司的战略。工业 4.0 的体系在某种程度上要比工业互联网的更完善、更广泛，这两个理念的合流，对于工业 4.0 的推广是非常有利的。

至于很多人认为这两个体系合流会碾压中国制造，我觉得倒也不必杞人忧天。不管这些体系多么完美和花哨，没有世界第一制造大国的参与，都是玩不转的，所以在这两个体系不断竞合的趋势中，中国通过不断连横和合纵的平衡策略，其实是可以获得更大的话语权的。

第五节
中华太极——中国制造 2025

> "我们要推动三个转变，即中国制造向中国创造转变、中国速度向中国质量转变、中国产品向中国品牌转变。"
> ——习近平总书记

中国儒家一直讲究中庸之道，不做出头鸟，所以在制造业未来的顶层设计上，咱中国也是最后一个，在 2015 年才正式出手，出台了《中国制造 2025》。

它其实是一个为期 30 年的战略规划，把建设制造强国的过程分成了三

步走的战略：

第一个十年，要进入世界强国之列，就是达到欧洲一些中等国家的水平。

第二个十年，要进入世界强国的中位，大概也就到英法的水平了。

第三个十年，要进入世界强国的领先地位，能够跟美国、日本、德国这样的国家比肩。

《中国制造 2025》其实就是第一个十年的计划，它又分为了两个五年阶段：

第一个五年，到 2020 年，基本实现工业化，制造业大国地位进一步巩固，制造业信息化水平大幅提升。掌握一批重点领域的关键核心技术，优势领域的竞争力进一步增强，产品质量有较大提高。制造业的数字化、网络化、智能化取得明显进展，重点行业单位的工业增加值能耗、物耗及污染物排放明显下降。

第二个五年，到 2025 年，制造业整体素质大幅提升，创新能力显著增强，全员劳动生产率明显提高，两化（工业化和信息化）融合迈上新台阶。重点行业单位工业增加值能耗、物耗及污染物排放达到世界先进水平。形成一批具有较强国际竞争力的跨国公司和产业集群，在全球产业分工和价值链中的地位明显提升。

对应"工业 4.0"和"工业互联网"这些听起来又潮又酷的名词，我们也提出了一个自己的概念，叫作"智能制造"。这其实也是一个源于美国的概念，可惜听起来不那么酷，传播性也不够，以至于在相当长的一个阶段内，国内企业都用"互联网+"或者"+互联网"这个不太准确的词来泛指这个智能制造的概念。

在 2016 年年初的"两会"中，李克强总理又提出了一个新概念，叫"中国

制造+互联网"，力图充分利用中国作为制造业第一大国和互联网第二强国的优势来提升中国制造的水平，应对来自发达国家和其他发展中国家的竞争压力。

《中国制造 2025》和"工业 4.0""工业互联网"有一个本质的区别，就是"工业 4.0"和"工业互联网"更偏重于技术标准，而《中国制造 2025》更偏重于产业政策，它跟美国的《先进制造伙伴计划》是对应的。所以，如果你直接用"中国制造 2025"去对应比较"工业 4.0"，就会发现范围完全不一样，无从下手。

从内容上来看，《中国制造 2025》中主要包含这些内容：

总体思路：全面贯彻党的十八大和十八届二中、三中、四中全会精神，坚持走中国特色新型工业化道路，以促进制造业创新发展为主题，以提质增效为中心，以加快新一代信息技术与制造业深度融合为主线，以推进智能制造为主攻方向，以满足经济社会发展和国防建设对重大技术装备的需求为目标，强化工业基础能力，提高综合集成水平，完善多层次、多类型的人才培养体系，促进产业转型升级，培育有中国特色的制造文化，实现制造业由大变强的历史跨越。

基本原则：市场主导，政府引导；立足当前，着眼长远；整体推进，重点突破；自主发展，开放合作。

战略目标：力争用十年时间，迈入制造强国行列。

五大方针：创新驱动、质量为先、绿色发展、结构优化、人才为本。

九大任务：提高国家制造业创新能力、推进信息化与工业化深度融合、强化工业基础能力、加强质量品牌建设、全面推行绿色制造、大力推动重点领域突破发展、深入推进制造业结构调整、积极发展服务型制造业和生产性服务业、提高制造业国际化发展水平。

五大工程： 国家制造业创新中心建设工程、智能制造工程、工业强基工程、绿色制造工程、高端装备创新工程。

八项政策保障： 深化体制机制改革、营造公平竞争市场环境、完善金融扶持政策、加大财税政策支持力度、健全多层次人才体系培养、完善中小微企业政策、进一步扩大制造业对外开放、健全组织实施机制。

十大领域： 新一代信息技术产业、高档数控机床和机器人、航空航天装备、海洋工程装备及高技术船舶、先进轨道交通装备、节能与新能源汽车、电力装备、农机装备、新材料、生物医药及高性能医疗器械。

看完了有什么感觉？感觉有点不太明白吧，那就对了。

这得先说到中国制定新政策和标准的一个习惯——参考欧美。

从"最后一个出台"这个时间点上你也能猜到，这个《中国制造2025》，肯定是参考了欧美各国的。因为参考得太多太全，所以有时就容易看不明白重点在哪。

我曾在一家 500 强企业里负责过跟政府共同制定国家标准的工作，我们管制定标准的人通常是这么干的：

先把行业内的企业集中起来，成立一个行业协会；在行业协会里再成立一个标准委员会，由政府官员和企业人员共同担任委员。需要起草某一方面的标准时，就召集这些委员开会，让企业来提草案（当然，标准制定部门是不付钱的，不过为了让自己的意志能够进入国家标准，企业们还是挤破了头地想给政府做这个建议）。标准部门收到企业的草案后，先拿来美国企业的看看，再拿来欧洲企业的看看，然后综合一下咱们国内提出的实际情况，对草案稍做修改，最后把语言描述改得再宽泛一些，一个政策标准就出来了。

你可能会奇怪，为什么要故意写宽泛点，这不是自己给自己找麻烦吗？

还真不是这么回事，这里面其实有几个原因：

第一是咱们本来就是个追赶者，人家有运行多年的成例，咱们也属于有个巨人的肩膀，不踩白不踩。

第二是执行问题。咱们中国太大了，面对的问题千差万别，不是一套方案就能解决所有问题，如果一刀切，怎么切都是错的。同时，我们又有一个对上负责的体制，如果写清楚了会出大问题，因为下面一定会不遗余力地执行，而不会管实际情况是否有用。所以只能把它写得模糊一点，定一个基调和大方向，这样各地可以自行掌握，因地制宜。

因为这两个原因，我们的政策一般都是求全求多，看起来包罗万象，这是为了尽量给地方提供更多的选择；加上咱的文风就是长于套话，模糊了主题，看不懂也是必然。

我们有很多作为政府智库的研究机构，一般都是事业单位，比如《中国制造2025》的起草单位就是工信部下属的赛迪研究院。这些机构一方面帮助中央起草政策，同时又帮地方起草政策，这样就能保证上下一致。不过由于大家对政策的理解各不相同，市场上就会有一些人或者咨询公司专门来干政策解读的事，去解释某某部门出台某个政策的思路。兔哥曾专门去听过这些解读，但是感觉好像基本也都是套话，反正我是听不懂。

不懂也没关系，好在其实根本不用懂。

你只需要想明白两件事：

第一，这个政策的原意是什么不重要，重要的是它是怎么被执行的。

第二，写政策的人怎么想的也不重要，重要的是执行政策的人会怎么理解。

这个政策的执行部门，是工信部和各地的经信委。

所以顺着这个逻辑，我们再想想下一个问题，就是工信部和各级经信委也不是第一天管工业了，那在制定《中国制造 2025》之前，他们在干吗呢？

你以为他们一直藏着九阴真经之类的好手段不用，坐等制造业走火入魔吗？

当然不是，能用的招数肯定早都在用了啊！

所以任何一份文件其实都只有两部分：

一部分是老办法的威力加强版，另一部分才是新办法。

这样去读，所有的文件你就可以很容易地读明白了。

如果有兴趣，可以翻看一下从 2010 年至 2014 年历年的工信部工作重点，你会发现，其实今天说的云里雾里的物联网、数字化，什么信息技术和工业融合，什么十大行业，什么产业结构调整，其实五年前就已经开始说了，而且年年都说，这些肯定属于老生常谈，最多是加强执行，变化有限。

那新东西是什么呢？

中国制造 2025 思路整理图

第一，就是把"提质增效"放到了最前面。

这一点非常关键，我们国内很多地方在搞产业升级的时候，都按照工业4.0的路线，把互联互通放在了第一位，这其实就走偏了。

德国和美国的工业基础都比我们好，他们已经解决了质量和效率的问题，所以他们把重点放在互联互通、提高生产效率和定制化上。但是咱们的工业基础还是比较差的，这个差不是指生产能力和制造方式，而是生产工艺本身比较落后。

简单地说，人家生产的是高端跑车，自然要尽量用互联互通的方式提升跑车的定制化；而我们生产的车辆没那么高端，互联互通又只能提高特定工艺下的生产效率，而不能提高工艺本身，所以即使互联互通后，我们仍然是用更高的效率生产出了更多的低端产品而已。

所以在《中国制造2025》的顶层设计中，把提质增效放在了最前面，这是非常重要的一个部分。而在执行当中，很多人都忽略掉了这一点，而只关注听起来更花哨的大规模定制，这个理解是有问题的。

第二，就是建设国家制造业创新中心。

这一条跟美国的创新网络建设是类似的，不过我看到许多地方政府在执行的时候，把这个创新中心和创业孵化器以及产业联盟混淆了。

产业联盟中更多的应该是成熟企业，目的是推动标准的制定和对争议的协调。而创业孵化器应该是支持商业模式和技术商业化的过程。

这个国家制造业创新中心更多地应该是某一个领域的技术研发协同平台。美国举全国之力也不过建设了6个，而在我们很多地方政府的规划中，一个省就要建设30几个，这种显然不是真正的制造创新中心，而是创业孵化器，结果一定会流于形式，失去原本的意义。

第三，就是"智能制造"这个词。我们目前听到的最多的是"工业 4.0"，其次是"工业互联网"，却很少有人会用"智能制造"这个词，其实这个词才是我们中国主推的概念。

在 2016 年 3 月李克强总理所做的《政府工作报告》中，这个词又进一步演进，变成了"中国制造+互联网"。我建议大家都使用李克强总理所用的这个词，你可千万别小看这个用词的差别，因为一旦你用了别人的词，就等于给人家交了定位税。

那什么是定位税呢？

定位大家都知道，就是在商业上占据一个概念。比如说宝马是豪华汽车的代表。那为啥叫税呢？收税的不能是商家只能是政府啊！哎！在这个时代，创造一个概念还真就有类似于收税的效益。

比方说，德国人提出了"工业 4.0"的概念。如果这个概念提得很好，那以后想要表达相关意思的人就不得不用这个词。提到"工业 4.0"的时候就不得不提德国人啊！不管是夸还是骂，都是在免费帮他们传播，客观上也就是向他们交纳了所谓的定位税。

所以我们中国一定要用自己的专用词汇，才能在新一轮的工业革命之中占据一席之地。

第四，是"工业 2.0 补课，工业 3.0 普及，工业 4.0 示范"。因为中国制造业发展非常不均衡，从工业 1.0 到工业 3.0 都很普遍，所以我们对于不同发展阶段的企业，采取的策略也完全不同。如同一个班级，最差的同学需要补课，中等的同学需要夯实，尖子生要让他们去学奥数。那我们最关心的就是，什么样的企业可以成为"工业 4.0"示范呢？

工信部对此有一个明确的规范：

1. 离散型智能制造试点示范

在机械、航空、航天、汽车、船舶、轻工、服装、医疗器械、电子信息等离散制造领域，开展智能车间/工厂的集成创新与应用示范，推进数字化设计、装备智能化升级、工艺流程优化、精益生产、可视化管理、质量控制与追溯、智能物流等试点应用，推动企业全业务流程的智能化整合。

2. 流程型智能制造试点示范

在石油开采、石化化工、钢铁、有色金属、稀土材料、建材、纺织、民爆、食品、医药、造纸等流程制造领域，开展智能工厂的集成创新与应用示范，提升企业在资源配置、工艺优化、过程控制、产业链管理、质量控制与溯源、能源需求侧管理、节能减排及安全生产等方面的智能化水平。

3. 网络协同制造试点示范

在机械、航空、航天、船舶、汽车、家用电器、集成电路、信息通信产品等领域，利用工业互联网等技术，建设网络化制造资源协同平台，集成企业间的研发系统、信息系统和运营管理系统，推动创新资源、生产能力和市场需求的跨企业集聚与对接，实现设计、供应、制造和服务等环节的并行组织和协同优化。

4. 大规模个性化定制试点示范

在石化化工、钢铁、有色金属、建材、汽车、纺织、服装、家用电器、家居、数字视听产品等领域，利用工业云计算、工业大数据、工业互联网标识解析等技术，建设用户个性化需求信息平台和个性化定制服务平台，实现研发设计、计划排产、柔性制造、物流配送和售后服务的数据采集与

分析，提高企业快速、低成本地满足用户个性化需求的能力。

5. 远程运维服务试点示范

在石油化工、钢铁、建材、机械、航空、家用电器、家居、医疗设备、信息通信产品、数字视听产品等领域，集成应用工业大数据分析、智能化软件、工业互联网、工业互联网 IPv6 地址等技术，建设产品全生命周期管理平台，开展智能装备（产品）远程操控、健康状况监测、虚拟设备维护方案制订与执行、最优使用方案推送、创新应用开放等服务试点。

工信部在 2014 年选了 46 个示范点，2015 年计划选择 60 个，我们可以对号入座一下，看自己所在的领域是否有机会成为行业的标杆。

第五，是"中国特色的制造文化"，这个说法以前在任何文件里都从来没看到过的，但我认为这一条其实是最重要的。

我始终是不太看好某些制造业老板去搞工业互联网的，因为最近这一年，当我遇到一些"互联网+"的创业者时，他们总跟我说，只要咱们把这事做成，就可以去股市上圈钱了。

我本来觉得这些人已经够没品了，直到后来我又遇上了一些"+互联网"的制造业老板，他们居然跟我说，咱们这事不用做成，整个概念包装一下就可以去股市上圈钱了，再不济也能搞点补贴。

这就是我们制造业文化的现状：第一想走捷径，第二想寻租，第三想玩概念，就是从来不想真正的创新，不想着怎么老老实实地把一件事做到极致。

我并无意贬低任何制造业同仁的道德水平，事实上，我自己干制造业时这几样毛病也一点不比谁少。而且在那种文化环境下，谁认真做产品谁

就成了傻子。这不是一两个人的人品问题，而是整个中国制造业文化的问题。

所以我们并不需要一两个道德圣人，先别说他是不是伪君子，就算是真圣人，夜太黑，那点烛光也照不亮多大一片天。

我们实现"中国制造+互联网"的真正障碍，互联互通的真正障碍，从来都不是技术障碍，而是人的障碍，说到底就是文化障碍。

我们的制造业中这种封建作坊似的文化，这种师傅带徒弟的文化，这种对新事物本能抵触的文化，这种论资排辈、以邻为壑、封闭自守的制造业文化，正严重阻碍着制造业的发展。

我们制造业的企业家们之所以面对"互联网思维"的冲击毫无抵御能力，瞬间被打蒙，然后又追在人家屁股后面气喘吁吁地跑，就是因为我们作为世界第一制造大国，却未能形成一个"中国制造思维"的文化体系。

破除文化障碍，是工业 4.0 实施的第一要务。

工业 2.0 补课，工业 3.0 普及，工业 4.0 示范，在各国战略之间合纵连横、借力打力，这就是中华太极，就是中国制造 2025。

物联网、大数据、云计算……今天的工业 4.0 江湖无比热闹，好像什么都是工业 4.0，又好像什么都不是工业 4.0。其实在这些概念背后，是一次世界工业的修行。谈到修行，自然就有道路的不同，有修仙的、有修佛的、有修功名的……但是大道相通，殊途同归。这一章里，我们将一个阶段一个阶段地，详细聊聊德国工业 4.0 和美国工业互联网的每一重天，以及每一次突破中会遇到的瓶颈。把这个脉络理顺了，你就不会觉得工业 4.0 遥不可及了，其实它就在我们身边。

第四章

六重天修行不易，成正果殊途同归

第一节
一步之遥——工业 3.0 大圆满

> "我们必须放弃孤岛式的想法，
> 要为变革做好准备。"
> ——西门子管理委员会成员 鲁斯沃

开始"工业 4.0"之前，我们先再重新回顾一下"工业 1.0"至"工业 3.0"的概念：

"工业 1.0"

机械化，以蒸汽机为标志，用蒸汽动力动力驱动机器取代人力，从此手工业从农业分离出来，正式进化为工业。

"工业 2.0"

电气化，以电力的广泛应用为标志，用电力驱动机械取代蒸汽动力，从此零部件生产与产品装配实现分工，工业进入大规模生产时代。

"工业 3.0"

自动化，以 PLC（可编程序逻辑控制器）和 PC 的应用为标志，从此机器不但接管了人的大部分体力劳动,同时也接管了人的一部分脑力劳动，工业生产能力也自此超越了人类的消费能力，人类进入了产能过剩时代。

有了前面几章那一大段的故事，估计你对这几个原本很学术的概念也

了解得七七八八了。下面，我们再用修真小说里讲故事的方式，说说"工业 3.0"到"工业 4.0"的这个过程是怎么一步步实现的。

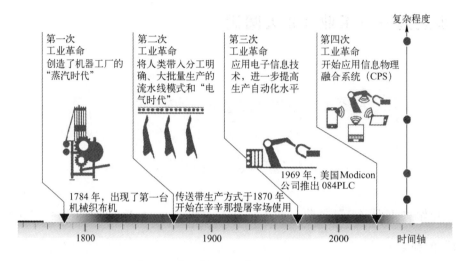

工业 1.0 至工业 4.0　来源：西门子公司

我们已经知道，整个"工业 3.0"就是工业生产方式一分为二，衍生出自动化和信息化两个分支的过程。所以，我们要从"工业 3.0"修炼到"工业 3.0 大圆满"，就要把自动化和信息化这两个分支都演化到极致，也就是从"部分的自动化和部分的信息化"演进到"完全的自动化和完全的信息化"。

我们先来看自动化这一支。

一个完整的自动化系统一般分为三层。

现场层，这是个纯硬件层。就是我们在工业现场看到的，那一大堆具体运转的设备，比如负责加工的机械手、提供动力的电机、控制电机速度的变频器、采集运行状态的仪表等。这些就像是我们人类的手和肌肉群，负责在现场最终实现各种生产动作。

控制层，这是个少部分软件+大部分硬件层。就是控制这些设备运转的 PLC、HMI（人机界面）这些东西，它们的主要功能就是通过收集现场仪

表反馈上来的信息，根据预设的程序进行简单控制。这相当于我们人脑中的一个个的脑细胞，可以独立完成某一个位置的控制。

操作层，这是个大部分软件+少部分硬件层。DCS 系统、SCADA 系统（数据采集与监视控制）都在这一层。它们就相当于一个"中央"，把"地方"（现场一个个简单的控制回路）汇集到一起，实现集中监视和总体控制的功能。这就好比是每一个脑细胞只能完成简单的控制，但是由无数脑细胞组成的大脑却能够完成复杂的思考和判断，这个操作层就是整个自动化系统的大脑。

在工厂里，通过对这三个层次的不断完善，便能够提高生产的自动化水平。

这个过程看起来也容易，就是一个填空题而已，加肌肉、加脑细胞、加大脑，往里面不断加入新东西，都填上不就行了？

没这么简单，因为你忽略了一个关键问题，就是你的肌肉、脑细胞、大脑，都是原装的，但是自动化系统每个层级当中的产品可能都来源于不同的厂商，有不同的硬件标准和不同的操作软件，要想实现跟你的原装身体一样的功能，可就千难万阻了。

用统一的平台和统一的标准实现自动化各层级软硬件之间的协同，这就是"全集成自动化"。当这个全集成自动化形成的时候，自动化这个分支就走到了大圆满阶段，随时等待下一次跃迁了。

《中国制造 2025》中所说的"工业 1.0、2.0 补课，工业 3.0 普及"，就是这个无限趋近全集成自动化的过程。

接下来，我们再看信息化这一支。

如果说自动化那一支解决的是机器的协作，那么信息化这一支，解决的就是人的协作。

提到了人的协作，我们就要看一看工厂的业务模式了。

作为一个制造企业，业务过程有三个：研发产品，生产产品，然后卖出去。

所以在工业企业中，通常会有三个大的部门，一个是研发部门，一个是生产部门，最后一个是业务部门；这三个大部门再分为若干个小的业务单元。部门一多，就会出现大量的人员的协作，为了提高协作效率，就需要各种软件系统来管理。研发部有 PLM（产品生命周期管理），生产部有 MES（制造执行系统），业务部有 ERP（管理信息系统），其中 MES 属于企业层，ERP 和 PLM 都属于管理层，这些系统又根据具体小业务单元的需求，分为一个个小的模块。

这些系统之间有啥区别呢？

PLM 更倾向于研发设计和制造模拟的管理，ERP 更倾向于财务信息的管理，而 MES 更倾向于生产过程的控制。简单地说，如果你是一个生产汽车的厂商，那么 PLM 主要帮你管理汽车的设计图、工艺路线、仿真测试这些信息，而 ERP 主要告诉你需要生产多少辆汽车、价格多少、成本多少、库存情况和物料需求，MES 则主要负责监控和管理生产这些汽车的每一个步骤和工序如何实现、过程数据采集、序列号管理、产品追踪回溯等。

目前，国内的大部分工厂其实连完整的 PLM、ERP 和 MES 三大系统都没有，只是根据日常需求开发了一些小单元模块的软件而已。把这些小的模块一个个地连接起来，就成为一个完整的信息系统了。而这个不断连接的过程，就是信息化的演进。

目前大部分工厂都已经使用了 ERP 系统，少部分有了 MES 系统，极少数实力很强的企业才拥有 PLM 系统。即使一个企业同时拥有了三大系统，也还

是有一个关键问题没有解决：ERP、MES、PLM 这三大系统之间，还是割裂的。

研发的不管营销、营销的不管生产，这些系统之间互相不连通，运行时间久了，就会出现很大的偏差。研发产品配不上生产线，库存对不上账，排产对不上货期，这些都会给工厂的内部协同带来困难。

三大系统的壁垒只是企业信息化孤岛的一个缩影。事实上，物流、客户管理、采购等系统全都存在这个连而不通的问题。

不过我们的工厂管理者也没有坐等问题越来越大，一般都会在每个部门专设一个接口人来负责这些特殊事项的调整，并保证系统里的信息一致。这样虽然解决了信息错误的问题，但是人工操作一方面容易出错，另一方面复杂的协调工作也导致整个系统的运行效率比较低、反应比较慢。

慢点就慢点吧！这在传统的工业生产中，也算不上什么大问题，反正产品的生命周期长，不差这十天半个月。比如西门子公司的经典产品 6SE70 变频器，一个型号卖了 30 多年；直到西门子推出了新产品 S120 变频器时，客户还是不愿意换新的。

可是工业发展到了今天，生产不足变成了需求不足，全球劳动生产率都停滞了。要想放大需求，就必须要增加生产的灵活性，这就需要我们的产品不但能够多种多样，还必须能够快速上市，这样一来，产品的生命周期就变得很短。现今，手机几乎两三个月就要淘汰一代，如果你的研发生产还需要几年才能完成，那就等着倒闭吧！

这个时候，我们就要尽可能地缩短协同中浪费掉的时间，把信息化演进到大圆满阶段，将 ERP、MES、PLM 等信息系统彻底打通，让工厂原本的所有信息孤岛实现连通。这个时候，信息在管理侧就实现了自由流动，信息化这一支也就演进到了极致。

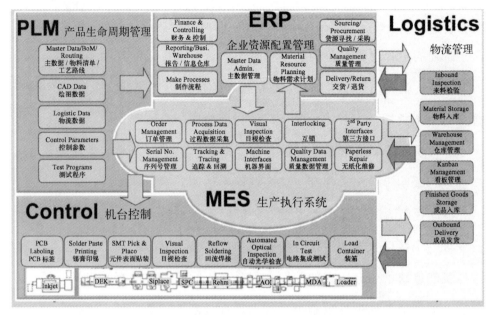

完全的信息化　来源：西门子公司

当自动化和信息化这两个分支都演进到极致时，我们就从"工业 3.0"的初期——部分的信息化和部分的自动化，走到了"工业 3.0"的大圆满阶段——完全的信息化和完全的自动化。

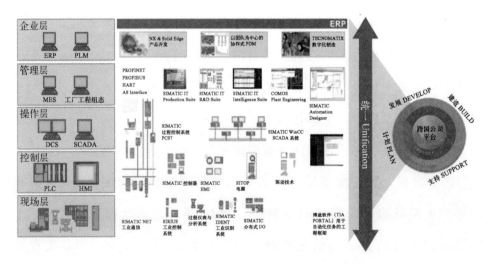

"工业 3.0"大圆满，来源：西门子公司

　　这个过程看似简单，但其实是最难的，因为这个过程伴随着大量人和组织的改变。如同修真路上两个境界之间的那个天堑，也许我们中国在这一个阶段就需要十年甚至更长时间。即使我们今天所谓的"工业 4.0 示范"，其实绝大多数也只能做到这一步，还远远达不到真正的工业 4.0 阶段。

　　好了，当工业 3.0 大圆满实现之后，我们的工业修真之路就要进入一个新的阶段，开始冲击"工业 4.0"了。这个过程中，从工业生产中分化出来的自动化和信息化两个分支，在各自演进到极致之后，要重新媾和，创造新的业态了。

　　对于这个分化后再媾和的过程，德国叫"工业 4.0"，美国叫"工业互联网"，我国称之为"中国制造+互联网"。

　　所谓媾和，其实就是结婚，结婚是两个人的事，婚后大家就都不能按照以前单身时的习惯生活了，必须要互相迁就。问题是，谁迁就谁多一些呢？婚后谁说了算？工资归谁管？过年在谁家？生出孩子跟谁姓？

　　别说工业生产，就连鞋的尺码，欧标美标也完全不同。各国的基础、标准完全不同，谁跟随谁来改，这个是一个关键问题。

　　你可能会说，为什么不像联合国那样，重新创造一个大家都能接受的新标准呢？

　　当然可以，不过联合国也要有五大常任理事国，那新的工业体系下也得有个武林盟主吧，到底谁说了算？

　　德国"工业 4.0"，美国"工业互联网"，英国"未来制造预测"、新工业法国、日韩"机器人新战略"，以及"中国制造+互联网"，这些时髦的名词背后隐藏的核心问题是大家在争未来工业体系的标准。

　　美国的互联网技术世界第一，所以希望从信息化层降维到自动化层。

　　而德国的机械制造业最强，所以更希望从自动化层升格到信息化层。

英国两方面都一般，但是金融体系强，所以希望区块链的新金融技术能够主导未来制造。

法国哪样都比德国略弱，索性跟德国结盟，共推"工业4.0"，从自动化到信息化。

日韩不关心自动化、信息化谁做主的问题，它们更着急家里人丁单薄不够人干活的问题，所以都锁定在机器人和人工智能领域。

中国嘛，制造业第一大国，互联网第二强国，自动化信息化势均力敌，干脆来个AA制家庭，谁也别领导谁了，"中国制造+互联网"吧！

按照修真小说的习惯，每一个境界都要再分成一个个小境界，我就按照这个方法，把"工业4.0"分成六重天，把"工业互联网"分成四境界。

你可以把"工业4.0"和"工业互联网"，以及英国未来制造预测、新工业法国、日韩的机器人新战略等，都理解为修真成圣的不同路线。

这个世界就是如此，有修道的，有修佛的，也有修功名的……路线不同，但是大道相通，殊途同归。

第二节
各执一词——智能生产

> *"数字化和网络化是智能制造的原始动力和基础手段"*
> *——宝钢智能制造专家 郭朝晖*

"工业4.0"第一重天：智能生产。

"工业 3.0 大圆满"完成后，整个生产线已经实现了"两个完全"。

完全的自动化，现场层、控制层、操作层三个层级里的所有设备和控制设备的软件已经全部连接在了一起。

完全的信息化，企业层、管理层的 ERP、MES 和 PLM 这些信息系统也全部打通了。

这个过程也就奠定了工业 4.0 智能生产的基础。

接下来，我们就要把自动化和信息化两个分支打通，让数据能够跨越两个层级流动起来，实现数据流动自动化。这样一来，我们在任何一款产品的设计之初，都可以通过数字化的方案虚拟出它从生产制造到销售物流的全过程，工厂可以在虚拟世界里先行仿真出来。目前，西门子甚至可以通过 VR（虚拟现实技术）来让你亲身体验一个未建工厂的全部细节。

在虚拟世界中先行建立工厂，然后经过优化再投入实施；同时在工厂建成后，虚拟工厂还会通过与现实的交互不断运行来和现实工厂随时保持一致状态。这就是智能生产的第一个阶段——数字工厂。

当一个数字化的工厂建成后，在整个生产系统中不断流动的这些数据又有什么用处呢？

只需要在生产的原材料上再加上一个触发条件，整个系统就可以神奇地运行起来，这就是 RFID（射频识别技术）。

说起来有点难懂，但是简单来说，它就相当于一个二维码，核心的功能是两个：第一是它自带了一些原材料和产品相关的信息；第二是它可以无线通信，随时与大系统交换数据。

我们还是来想象一个工业 4.0 时代的工业场景，在可乐的生产车间里，生产线上连续过来了三个瓶子，每个瓶子都自带一个 RFID，里面记录着这

是为张三、李四和王五定制的可乐，并且记录了这三个人的购买习惯。

第一个瓶子走到灌装处时，通过二维码的无线通信告诉中控室的控制器，说张三喜欢甜一点的，多放糖；然后控制器就告诉灌装机器手："加白糖"。

第二个瓶子过来，说李四是糖尿病，不要糖，控制器就告诉机器手："这瓶不要糖"。

第三个瓶子过来，说王五要的是芬达，控制就告诉灌可乐的机器手"你歇会"，再告诉灌芬达的机械手："你上"。

看到了吧，这就是多品种、小批量、定制生产。每一灌可乐从你在网上下单的那一刻起，它就是为你定制的，它的所有特性都符合你的喜好。

这就是智能生产的第二个阶段——大规模定制化生产。

在很多人的理解中，"智能生产"等同于"智能制造"，都是"工业4.0"在中国的不同叫法，其实这是个天大的误会。"智能制造"其实是介于"智能生产"和"工业 4.0"的一个中间阶段，比前者的概念大，比后者的概念小。我们之所以在《中国制造2025》中要用"智能制造"这个概念，并不是因为它等同于"工业 4.0"，而是因为智能制造是"工业 4.0"的第一个阶段，而我们的《中国制造2025》也正是中国实施制造业强国的第一个十年计划，阶段是重叠的。

所以我们在做智能制造的过程中，最重要的是要考虑中国的实际情况，不能在落后的工艺基础上搞自动化，也不能在落后的管理基础上搞信息化，更不能在不具备数字化网络化基础时搞智能化。

工业 2.0 到 3.0 的过程，主要是"产品标准化"的过程，而"工业 4.0"的演进可以理解为"工厂标准化"的过程。为了让你们这群跟兔哥一样的

"半桶水"能够更容易地理解，我在前面举的例子看起来是很简单的，可是真正实现智能制造绝不仅仅是用一个 RFID 就能解决的。跟修真故事一样，每一重天的修行都会有多个难以突破的瓶颈。

第一个瓶颈，是你的工厂要完成互联互通，设备、人、原料，以及各相关部门之间，都要实现信息的共享和数据的顺畅流动，也就是所谓的纵向集成。

这个过程中，先要把原有的各个标准不同的信息孤岛打通；接下来还需要在原本不能产生信息和数据的设备中嵌入传感器，来生成信息和数据；最后还要把原有生产线上的硬件，也就是各类机器重新调整排列，让它们能够适应个性化的生产。比如在前面的那个例子中，放糖的机械手、放可乐的机械手、放芬达的机械手都要事先排列好，这个过程不仅仅是打通现有设备和系统，还需要对生产流程和布局进行大量调整。

第二个瓶颈，是围绕每一个产品从设计到生产销售的整个链条上都要打通，也就是所谓的端到端的集成。

以上面的例子来说，可乐工厂内的纵向集成只解决了工厂内的效率和柔性，但是可乐的定制信息从哪里来？这些定制信息如何转化为可乐的配方和设计信息？这些定制好的产品又通过怎样的智能物流才能顺畅地送到每一个客户的手中？这些信息和数据虽然都在可乐这个产品本身的价值链条上，但可能都来自于工厂边界之外，让这些不隶属于同一个组织的价值链各方统一标准和协作，比前一个纵向集成的阶段要难上 10 倍。

第三个瓶颈，最难应付，就是经济的因素。

在前面所说的所有互联互通和集成的链条上，任何一个环节都会成为整个链条的短板，导致整个链条没有经济效益。这就有一个死循环，所有

人同步升级改造的可能性太低，但是谁都不愿意第一个改造自己所在的环节。因为你投资改完了，别人还没改，这个过程中的整个链条就没有价值，也没有经济回报；所以你一定是倾向于等别人都改完了，你最后一个改，这样经济成本才最低。如果大家都这么想，那整个链条就推动不起来了，这个矛盾就是最大的难点。

小说里的大侠每次遇到危机后，总能因祸得福，修为再进一步。"工业 4.0"也是如此，每个瓶颈都伴随着巨大的商业机会。

围绕纵向集成的机会。过往的各类工业软件和信息系统因为标准和接口不一致，所以数据难以同步，这就给软件之间的联通带来了机会。比如兔哥参与投资的瑞迪风科技就有一种能力总线技术，用一个第三方软件，从两个标准不同的系统中抽取数据，同步后再传输回去。这样不需要大规模地改动原有系统，仍然可以实现信息系统间的互联互通。

围绕端到端集成的机会。打通围绕产品生命周期的一整条产业链需要一个统一的云端平台和众多纵深的工业软件。工业云在这个阶段会有一个非常大的机遇，比如 GE 的 Predix、西门子的工业云，还有重庆、沈阳等地方政府建立的云平台等，都是比较完善的工业云平台系统。而 BAT、乐视云计算等互联网公司也都在这个领域布局上投入了很大的精力。

但需要注意，工业云平台其实只是一个大的数据交换中心，其核心只是稳定的数据交换、计算和存储而已，要实现商业价值还需要很多类似 PLM、MES、ERP、远程运维系统、项目管理系统等纵深模块来填充。简单理解，工业云就是淘宝，而这些纵深模块就是一个个的工业软件服务商根据自己提供的服务而在云端建立的淘宝商家。工业云平台领域很有可能会孕育出一个新的阿里巴巴。

精益生产的机会。 很多人把智能制造就理解为互联互通、人工智能这些很炫的东西，这有点窄了。其实在智能制造这个阶段，精益生产在中国也是一个巨大的机会。前面说过，人、机器这些物理硬件的重新排列，也是实现智能制造的关键。

所以在整个生产系统集成的同时，必须还要对原来现实世界的生产方式进行调整，这就给拥有先进生产经验的老牌制造企业也带来了机会。比如一些跨国电气巨头就通过输出自己先进的精益生产方式，帮助客户提升生产效率，然后再把这些精益生产方式固化为软件，以整体解决方案的方式移交给客户。这种方式在中国当前其实也是很有效的。

智能制造系统集成的机会。 很多企业在计划上智能制造时会困惑不知道该怎么做顶层设计，怎么具体实施，甚至找不到合适的外包商。过去我们只有自动化系统集成和 IT 系统集成，设计院、总包商、集成商这个链条是很完善的，但是智能制造这个领域目前还没有形成一个能系统集成的行业，这在今后的三到五年内会成为热点。

我们的地方政府应该更关注这个行业的发展，并吸引这方面的人才，如果能在本地营造出智能制造的系统集成产业集群，那么对当地经济会是一个巨大的促进。因为许多产业集群都是用投资来换取本地市场的，并赚本地人的钱的，但是智能制造系统集成商却是在全国各地甚至全世界拿项目的，赚的都是外面的钱。哪里最终形成了中国智能制造系统集成的产业集群，哪里就可能成为下一个硅谷。

总之，"工业 4.0"的这条修真之路的确是不好走，第一重天就有这么多的瓶颈了，而且不光涉及设备和设备间的技术问题，还有人和人之间的关系问题，组织和组织之间的经济利益问题。所以从工业 3.0

大圆满到工业 4.0 一重天的智能制造，中间的这个距离和困难，远远比后面六重天之间的距离更大。

工业 4.0 一重天，如同是凡人与仙人的一个分水岭，需要渡劫才能达成。世界各国正群雄攀命，对于中国制造业来说，这就是命数注定的一劫，只有跨过这一步，我们才能真正触摸到工业未来的那一缕鸿蒙紫气。

第三节
相持不下——智能产品

> "智能并不是硬件的目的，消费者用智能硬件是为了拥有更好的生活。"
>
> ——创新工场董事长 李开复

"工业 4.0"第二重天：智能产品。

当我们的"工业 3.0"刻苦修行，好不容易突破了前面那么一大串瓶颈时，就实现了第一重天的智能制造，第二重天的突破就顺理成章了。

既然生产的过程和生产所需原材料可以智能化，那么作为成品的工业产品，也同样可以智能化，这个不难理解，谷歌、乐视、小米……，今天所有的智能硬件都是这个思路。

其实第一个智能硬件就是我们的智能手机，后来我们把越来越多的产品都智能化了，通过软硬件结合的方式对传统设备进行改造，让它们拥有智能化的功能。智能化之后，硬件就具备了连接的能力，可以实现互联网服务的加载，形成一个典型的"云+端"的架构，这个架构下的智能产品

就同时具备了大数据等附加价值。

你会不会想到，这个过程其实是跟一重天的智能制造并行的，所以"工业 1.0"的二重天并非一定要在一重天的基础上。而德国"工业 4.0"和美国"工业互联网"的核心分歧之一，就是先干智能制造，还是先搞智能产品。

德国希望是前者，由制造企业引领，更注重制造过程的数字化，也就是智慧工厂（Smart）。而美国更希望是后者，由 IT 和互联网企业引领，着重工业产品的智能化（Intelligence）。而日韩的机器人新战略其实是把智能化的产品定义为广义的机器人，也就是说，他们也希望先搞这个第二重天。至于中国，我们并没有先后的倾向，所以就搞"互联网+"和"中国制造+互联网"，由互联网企业和制造企业合作，甚至是合股进行。

智能产品改造对象可能是电子设备，例如手表、电视和其他电器；也可能是以前没有电子化的设备，例如门锁、茶杯、汽车、飞机、发动机，甚至房子。我在一次科技大会上就看到过采用 3D 打印高分子材料，耗时 40 分钟左右即可自动完成建造的智能房屋，里面还配有水床以及影音和照明系统。人们可以在这个智能房屋内玩游戏、看电影、小憩片刻……。

智能硬件的初期就是可穿戴设备，目前已经延伸到了智能电视、智能家居、智能汽车、医疗健康、智能玩具、机器人等领域。比较典型的智能硬件包括乐视超级电视和超级汽车、Google Glass、Tesla、小米净化器、720 环境宝等，这些都是生活用品，解决的是用户体验的问题；而沈阳机床的 i5 系列智能机床、GE 的航空发动机等大型智能设备，则是解决自动控制和设备使用效率的问题。

当下，大型设备的智能化还比较慢，生活类用品的智能化非常迅

速，这跟"工业 1.0"时代从纺织行业开始蒸汽化的历史是一样的。轻工业产品可以直接面向市场销售，迅速回笼资金进行再生产；同时，个人消费者接受新事物的比组织购买者要容易得多，这些都决定了智能产品一定是从生活消费品开始的。

目前实现智能产品的最大瓶颈有两个：

智能化的经济权衡。将一个产品智能化是要有成本的，需要嵌入传感器，可能有时还需要嵌入控制器，同时还需要在云端建立相应的应用。所以产品的智能化必然要考虑之后的效果，权衡智能化的成本和智能化之后的收益。

伪需求的甄别。目前很多创业者都是为了"工业 4.0"的落地而落地，为了智能化而去搞智能产品，这就搞出了很多伪需求。如果我们切换视角，从用户本身去看，任你讲得天花乱坠，他都会觉得"噢，你硬件里有智能元素，很棒啊"，但他其实是不会只为这个"智能"元素去买单的。只有你提供了一个更好的产品体验，然后解决了他们的一个痛点，用户才会买单。所以在智能产品的阶段，是否"可智能化"其实不是问题的关键，问题的关键是：你能不能提供更好体验来解决用户痛点。

智能产品阶段也带来了一些新的机会：

围绕产品智能化的机会。各种产品都会慢慢地开始智能化，新的功能和应用会层出不穷。前面已经举了从智能手环到智能汽车的很多例子，这里不再赘述。

嵌入式传感器和控制器的机会。要实现产品的智能化，就要向其中嵌入大量的传感器和控制器，它们不但成本要尽可能地低，还要能适应各种

不同的工作环境。所以低成本的传感器和控制器硬件，以及通过数学模型模拟出来的虚拟传感器技术，都会成为新的投资热点。

围绕机器人的机会。其实智能化后的产品都可以被理解为是一种机器人。在机器人技术中，不管是工业机器人还是生活服务机器人，机器人本体制造的技术都已经比较成熟了，所以新机会将主要出现在系统集成技术、人工智能技术和云端机器人技术上，这些技术也都会成为热点。兔哥参观过一家创业公司——软银和富士康共同投资了 3000 万美元的达闼科技，该公司把机器人的大脑全部放在云端，解决了人工智能需要的海量计算问题，使得终端的无数机器人可以共用一个云端的大脑，这是未来非常好的一个方向。

工业 4.0 二重天——智能产品，会与一重天的智能制造同时发展。从智能手环到智能航空发动机，智能产品将慢慢从生活消费品延展到工业品和大型设备上，大部分产品都会成为智能产品。

未来一切皆智能。

第四节
顺理成章——生产服务化

> *"新型的业务模式已经使产品和服务之间的*
> *界限变得模糊起来。"*
> ——*PTC 全球总裁 詹姆斯·贺普曼*

工业 4.0 第三重天：生产服务化。

当生产过程智能化和产品本身智能化都完成了以后，随着"工业 4.0"的进一步推进，下一种商业模式应运而生，这就是生产服务化。

我们买钻孔机，要的其实不是钻孔机，而是墙上的那个孔；我们买车，其实不是为了要车，而是需要工具代步；我们买电视，不是为了要电视，而是为了看电视节目。

我们要的其实从来都不是产品本身，而是产品背后的服务。

传统制造商因为无法低成本地为人们提供那个千差万别的"孔"（因为这个需求太分散了），所以就只能采取一个最简单粗暴的方法：卖给你一台钻孔机。这是在工业时代的限制下，我们唯一能做的事情。

但是在工业 4.0 的第三重天里，这个商业模式发生了根本性的改变。通过智能生产和智能产品，可以很容易地满足人们分散的需求，所以我们就可以直接提供服务给客户，这就是未来的生产服务化。

生产服务化，其实就是美国"工业互联网"主打的概念之一。具体到产品来看，比较有特色的就是 GE 公司。比如 GE 的一个主要产品：燃气轮机，每台上面都有 100 多个实际传感器，还有 300 多个虚拟传感器。

所谓虚拟传感器，就是在某些恶劣的环境下，不是哪里都能放一个真的传感器的，但当时我们还是需要那个地方的数据，所以可以根据算法用软件模拟出一个虚拟的传感器。

所有这些传感器采集的海量数据都被传送到位于美国亚特兰大的监控和诊断中心，50 多名工程师每年能够对 35000 多次的预警进行分析，包括燃机热性能、燃烧室排气温度、转子震动幅度等。

目前，GE 每天都从全球 1500 多台燃气轮机和发电机组上抓取数据，数据科学家针对海量数据开发了几十种算法，目前可以对 150 多种潜在故

障进行预警。这个中心目前拥有 1 亿多个运行小时，大概 400TB 的储蓄量。

公开数据显示，在 2014 年，GE 已经为来自 58 个国家的 502 个客户电站服务，提供了 8000 次限幅，帮助客户避免了 130 多次的非计划停机检测。你可不要小看这个预测性维护，因为电厂的发电设备如果在计划之外停机，损失会很大。不像我们家里的计算机重启只需要几分钟，燃气轮机发电机起停一次的时间非常长，所以 GE 的这种服务对于电站客户来说价值非常高。从卖设备到卖服务，GE 的服务就是基于这种工业互联网带来的海量数据。

生产服务化其实是工业 4.0 的主要目的，智能制造和智能产品都是这个目的的基础。这个目标的出现，同样也有主动和被动两个因素。

主动自然是为了不断地提升自己的产品竞争力；而被动的因素就是，全球经济放缓导致客户购买新设备的节奏也放缓了，所以制造商必须认真考虑提升已购置设备的应用效率。在这个阶段里，市场占有率高，在市场上拥有大量存量设备的制造商拥有发展生产服务化的天然优势。

公开数据显示，GE 在全球拥有 3500 多台燃气轮机、20000 多台风力发电机、20000 多套油气设备、30000 多台航空公司商用发动机、20000 多台机车，数百万台医疗设备，所有资产大概为一万亿美元。这些设备中包含 1000 万个传感器和 5000 万个数据元素，所以 GE 发展"工业互联网"顺理成章。

实现生产服务化，同样有三个关键的瓶颈：

第一是数据来源。

智能产品采集的数据所有权是属于工厂的，但是能对这些数据进行建

模和分析，进而提供服务的，却是设备制造商。而在第一重天的智能制造阶段，可能还存在一个工业云平台运营商，数据也要经过这个管道。

这里面就有一个很大的矛盾，就是这三者的关系如何处理，工厂要以什么样的程度开放数据，开放哪些数据，数据的隐私保护怎么解决，设备制造商和工业云运营商对于数据权限的边界在哪里。

这些问题目前没有行业惯例或者统一的标准，导致除了航空发动机这类维护成本超高、垄断性比较强的设备外，工厂不愿意开放其他设备数据，这也是生产服务化很难落实的主要原因。

第二是数据分析。

我们要的服务结果不是在发生问题时报警，而是在可能发生问题时提前预警，这个对于数据分析的要求非常高。

比如上一个例子，燃气轮机很多不同问题反映到设备上，可能都是同一个结果——轴的震动。这个震动可能是因为机器故障，也可能是因为现场附近有施工，甚至可能是因为有人闲得没事拍了机器一下，所以一个震动可能代表了很多问题。如果我们仅仅对设备震动本身的偏差数据进行大数据分析，在有趋势的时候就给出报警，而没有考虑到现场工艺的其他条件，那这个结果错误的可能性就非常大。

这就意味着工业大数据分析的行业经验门槛很高，这个其实是设备制造商往往不擅长的。比如一家电机制造商，其知识和经验积累更丰富的领域往往是电机本身，而不是千差万别的工艺流程和客户现场环境。服务商可能必须要非常了解每一台机器所处的不同环境，才能选取出适当的数据，并对轴的震动进行准确的分析。

这个数学模型的建立和积累比消费品大数据的难度要高出数十倍，而

且要求建模的人要精通数据分析、产品和工艺流程，目前能做到的企业凤毛麟角，很多 500 强老牌制造商的预测性维护的准确率也不是非常高。

第三是数据存储。

一个人并不会 24 小时不停地上淘宝，所以消费品数据采集的量是有限的。但是工业设备要持续不停地运转，而且每台设备上可能有上百个传感器，产生的数据绝对是海量的。刚刚提到的燃气轮机，1 亿多个运营小时产生的数据是 45TB（1TB=1024GB）。这还算少的，航空公司一次正常起降就会产生 1TB 的数据，这里面包括结构化和非结构化数据，总体来说价值比较低。

这里要插一句，可以用二维表结构来有逻辑地表达实现的数据叫结构化数据，不方便用数据库二维逻辑表来表现的数据叫作非结构化数据。简单地说，数字、符号这些就是结构化数据，办公文档、文本、图片、XML、HTML、各类报表、图像和音频/视频信息这些就是非结构化数据。这些有用的和没用的数据都混在一起，想想头都大了吧！由此可见清洗和整理数据的难度。

如何有效且低成本地储存这些海量数据，也是一个非常大的难题。目前来看，大多都是先把数据提取到工厂的本地服务器中，经压缩后传到云端，放在一个工业数据湖（Data Lake）里，然后通过统一集成处理来提升处理效率和成本。但即使是这样，一旦大量的工业设备联网后，数据存储技术仍然会成为一个非常大的瓶颈。

与之对应的，生产服务化也带来了几个新的投资机会：

围绕数据来源的机会。你可以把数据想象为一座矿山，掌握矿源的人自然坐拥滚滚财富，这个本质上跟煤老板的发家之路是一样的。很多上市

公司都已经提前预见到了这个问题，通过投资和收购来控制自己产业链上下游的数据源。

目前很多风险投资机构都募集了一些由上市公司出资的战略投资基金，专门用于投资那些既有数据采集能力，又有数据所有权的企业。工业4.0 时代的制造企业除了销售产品、提供服务外，还可以通过出售自己工厂运行过程中的数据来获得经济收益，而且由此可能会出现许多专业的数据运营商。

贵阳在 2015 年甚至成立了大数据交易所，这也是全国首个大数据交易所，面向全国提供数据交易服务。其交易的数据是基于底层数据，通过数据的清洗、分析、建模、可视化后的结果。可以预见，数据交易在未来会与各类金融衍生工具相结合，形成一个非常大的生态链。

围绕数据分析的机会。 除了拥有矿的和卖矿的，挖矿也会成为一个商业机会，尤其是当这个挖矿具有很高技术门槛的时候。由于工业大数据建模和分析需要的综合知识非常多，人才水平要求很高，对资本的要求反而很低，因此一般的数据分析公司或者产品制造商是满足不了的。所以这个人才密集型行业很可能会独立出来，类似律师事务所和咨询公司一样，以"数据分析事务所"这种形式存在于产业链中。跟法律分刑法、民法一样，数据分析也会按照行业细化为很多不同的方向。

围绕数据存储的机会。 这里面有两个关键，一个是低成本的数据存储技术，另一个是数据压缩和传输的技术。数据湖（Data Lake）技术同样会成为未来各大服务商争夺的技术高点。

总之，在工业 4.0 的第三重天阶段，所有的生产厂商都会向服务商转型。在未来，一切产品皆是服务，一切服务也皆是产品。

第五节
水到渠成——云工厂

> *"展望未来，按需配置商业资源的*
> *C2B 模式会更加普及。"*
> ——阿里研究院资深专家 游五洋

工业 4.0 第四重天：云工厂。

当生产服务化进一步深化，除了生产的产品外，生产过程本身也将开始服务化，这就是云工厂。

当工业互联网上汇聚了海量的工业设备数据后，我们就可以很容易地看到：哪些工厂的哪些生产线正在满负荷运转，哪些是空闲的。那么这些空闲的生产线，就可以出卖自己的生产能力，为其他需要的人进行生产。

这个模式听起来有些科幻，但其实已经在实现的过程中了。阿里巴巴的淘工厂直接把淘宝卖家和工厂链接在一起，可以轻松地找到代工，已经有了云工厂的雏形。兔哥的一位朋友，做了一个服装柔性定制平台叫辛巴达，琅玛峰创投在 2016 年年初为这家公司投资了一亿元人民币。辛巴达通过把原本服装工厂内的工人打散重组，让工人自购几千元的服装缝纫设备，并就近组成一个个生产单元，通过订单分解和统一配送，打造了供应链领域的 Uber，在服装行业实现了自由人的自由联合，也是一个行业的典范。

云工厂代表着从"产品标准化"时代进入了"工厂标准化"时代，也

是生产服务化的极致。在这个阶段，生产、物流、仓储将全部云化，此后工业领域的创新将和互联网行业一样可以轻资产运行，所以云工厂会彻底改变社会创新的方式，带来一个全新的时代。

云工厂的实现瓶颈主要有四个：

标准化的瓶颈。当下，工厂之间的品质、标准、原材料都各不相同，也就是说，尽管很多工厂内部的自动化和信息化水平已经比较高了，但是跨出工厂间的协作还比较原始，工厂还处于农业社会那种异质化的状态下。想要实现生产的完全云化，就必须要建立一个同质化的生产和品质管理体系，这里面不仅仅是一个互联互通就能解决的，还存在大量的协调工作，而人的协调总是比机器难十倍以上的。

物流的瓶颈。云工厂无疑是实现小批量定制化的有效方式，但是小批量定制化意味着用户的地理分布很分散，这对传统工业企业的物流系统提出了重大的挑战。毕竟，一台几十吨的牵引电机总不能靠快递去送……如何保证快速、准确，而且还要尽量低成本的送达，这也是云工厂实现的一个瓶颈。

生产分解的瓶颈。云工厂并不是仅仅代表把产品生产整体云化，还可能是把其中的一部分通过云化来外包实现。比如一台电视机，因为它并不是所有的功能都是定制化的，所以可能并不需要整体由云工厂代工生产，大部分功能进行规模化生产即可，只是把少量需要定制化的部分交给云工厂。这样，对于用户定制的产品，哪些部分需要云生产，哪些不需要，这个分解的过程就需要非常专业的知识和经验。

法律瓶颈。云工厂大部分的功能要通过工厂之间的横向集成自动完成，这就给传统企业之间的合同关系摆出了难题，如何在线完成复杂

的供应商审核、合同谈判和合同执行，如何高效地解决纠纷，法律责任如何确定。云工厂时代从根本上改变了工业时代的生产组织方式，所以必然引发大量的法律和商业的中间问题，法商管理在这个时代会非常重要。

云工厂的机会主要有三个：

云工厂平台机会。目前还没有出现非常成熟的云工厂平台，前面提到阿里的淘工厂、服装定制的辛巴达都还在探索和迭代阶段。未来围绕生产云化的平台，从普通生产到 3D 打印，都会成为一个热点，尤其是拥有完善供应链管理经验和体系的平台会有很大优势，这个领域很可能会孕育一个新的独角兽。

智能物流机会。龙门镖局，镖镖必达。智能物流是工业 4.0 非常重要的部分，它主要应用于企业间的横向集成，尤其在云工厂阶段非常突出。智能物流领域的自动识别技术、数据挖掘技术、人工智能技术都有很好的投资机会。

不过智能物流系统最大的机会在于地理信息系统（Geographic Information System,GIS），它也是打造智能物流的一项关键技术。用 GIS 可以构建一张物流图，把订单信息、网点信息、送货信息、车辆信息、客户信息等数据都放在一张图中管理，实现快速智能分单、网点合理布局、送货路线合理规划、包裹监控与管理。

GIS 技术可以帮助物流企业实现基于地图的服务，比如：

1）网点标注：将物流企业的网点及网点信息（如地址、电话、提送货等信息）标注到地图上，便于用户和企业管理者快速查询。

2）片区划分：从"地理空间"的角度管理大数据，为物流业务系统

提供业务区片管理的基础服务，如划分物流分单责任区等，并与网点进行关联。

3）快速分单：使用 GIS 地址匹配技术，搜索定位区划单元，将地址快速分派到区域及网点，并根据该物流区划单元的属性找到责任人，以实现"最后一公里"配送。

4）车辆监控管理系统，从货物出库到到达客户手中进行全程监控，减少货物丢失；合理调度车辆，提高车辆利用率；设置各种报警装备，保证货物司机车辆安全，节省企业资源。

5）物流配送路线规划辅助系统用于辅助物流配送规划。合理规划路线，保证货物快速到达，节省企业资源，提高用户满意度。

6）数据统计与服务，将物流企业的数据信息在地图上可视化地直观显示，通过科学的业务模型、GIS 专业算法和空间挖掘分析，洞察通过其他方式无法了解的趋势和内在关系，从而为企业的各种商业行为，如制定市场营销策略、规划物流路线、合理选址分析、分析预测发展趋势等构建良好的基础，使商业决策系统更加智能和精准，从而帮助物流企业获取更大的市场契机。

智能合约机会。 基于区块链技术（俗称"比特币"）的智能合约技术，在智能物流和云工厂领域有巨大的爆发潜力。

前文说过，区块链其实是一个去中心化的，所有人共同维护的数据库。智能合约就是利用了区块链分布式记账的数据库技术，保证机器之间可以自动完成合同，而且没有人能够作弊。

西门子公司在 2016 年专门成立了 Next47 创投机构，投资于工业 4.0 相关技术领域的初创企业，其中西门子锁定的一个非常重要的方向就是区

块链。我们水月创投也刚刚投资组建了一家区块链底层技术的研发公司，通过闪电网络技术，实现点对点的快速记账和数据交换。

其实不仅仅是智能合约，整个区块链技术跟工业 4.0 的结合也会成为一种趋势，而且有非常大的潜力，这也是为什么英国把区块链技术上升到国家战略的高度。

在工业 4.0 的第四重天阶段，社会分工将进一步深化，生产商全部云化，制造商服务化，销售端定制化，工业领域的创新创业将进入一个集中的爆发期。

第六节
改天换地——生态化反

> "未来为什么互联网巨头会轰然倒塌，
> 因为他们会死于专注。"
> ——乐视集团创始人 贾跃亭

修真小说里，大侠是怎样炼成的呢？一靠打怪练级，二靠天降奇遇。工业 4.0 也是如此，一方面要靠各个企业不断地尝试和探索，另一方面也要靠一些在规划之外的创新和运气，这就是跨界竞争、生态化反。

当工业 4.0 进入第五重天时，工业企业将通过跨界合作和竞争来实现化学反应，创造新生态。这一场跨界打击将比这些互联网企业猛烈百倍。这个过程将从根本上撼动现代经济学和管理学的根基，重塑整个商业社会。

比如一个汽车制造商，它每天生产的汽车都在路面上实时采集各类路况数据，通过数据分析，它可能比交警队还了解交通状况。所以它可以依靠自己的数据与出租公司合作，与交通电台合作，跨出组织的边界进行化学反应。

跨界竞争是在工业 4.0 时代，企业间横向集成完成后的必然结果。在这个阶段里，所有我们过往坚信的商业理念和模式都不再适用，所有的经典经济学理论也都不再有意义。优秀的企业将死于专注，如果你固执地坚守自己是干什么的，坚守行业的边界，那你就很难成功。

这个阶段，我们已经无法简单地用瓶颈和机会来描述了，因为包括我自己在内，谁都无法预料这个时代是个什么样子，也许我们可以通过乐视公司的案例来一窥端倪吧。

乐视这家公司，可以说是近几年创业板的第一"妖股"，今天已经很难简单地说它到底是一家互联网公司还是一家制造业公司。一项新事物出现的时候，往往会先伪装成一种我们熟悉的事物，而它又没有我们熟悉的事物那么成熟，所以我们往往是看不上的；而到了我们看得上的阶段，我们又看不懂了；等终于看懂时，它已经深刻地改变了世界，你来不及参与了。

1. 乐视生态

在互联网络经济时代，传统企业都在变革中。这些变革的主轴都围绕"创新"而变。区别于传统的企业变革，在完全创新的行业中，业态还未完整，单纯的追求工业效率无法获得用户，也即无法获得盈利，面对这样的新变化，传统的战略理论难以再为其获得成功的指引。因此在这类完全创新的行业中，乐视提出"企业生态战略"思想，并且获得了很好的发展优

势，这或许是当下更为恰当的战略思想。

从"视频网站"转型成为"垂直整合的乐视生态"，再到一个开放式的化反生态公司，随着乐视商业模式的变化与发展，其企业战略也层层推进，我们一起来研究一下。

2．乐视生态的基础平台布局

自 2012 年乐视正式进入智能电视终端领域以来，时至今日，以乐视为代表的"平台+内容+终端+应用"的垂直整合生态已比较成熟，而乐视也进一步将其垂直生态模式复制到各个独立的垂直行业中，例如乐视体育、乐视移动等，以不同行业之间的化学反应形成一个生态协同。而这一切的基础，就是乐视所布局的七大基础底层平台。

终端平台

乐视的终端平台：

1）核心入口的智能终端：包括超级电视、超级手机和未来的超级汽车，这三大终端分别霸占了家庭生活入口和移动入口。

2）各产业生态的智能终端：包括乐视体育的超级自行车和乐视的乐小宝。这类终端是玩转其所在垂直领域的终端入口。

内容平台

乐视的内容平台：

1）乐视垂直生态的版权内容平台：包括花儿影视、乐视影业、乐视自制内容和乐视版权库中的所有内容。

2）乐视开放生态的内容平台：包括以乐视云切入所提供的云技术内容和乐视战略合作伙伴所接入的内容。

应用平台

乐视的应用平台：

1）乐视 EUI：各智能终端的操作系统 UI 是乐视服务的商业入口。

2）应用商店：各智能终端上的应用软件商店。

技术平台

乐视的技术平台：

1）云技术平台：乐视生态协同的技术平台，包括 EUI 在各类终端中的内容、服务同步；视频内容的制作、编辑、存储、转码、分发、播放的技术服务；乐视网以及乐视商城这样的大流量网站的技术平台。

2）大数据平台：乐视生态智能推荐平台，包括终端层面的千人千面，UI 层面的个性化体验，内容层面的精准推荐，以及服务层面的精准营销。

电商平台

乐视的电商平台：

1）乐视商城（乐视生态电商平台）：包括整个乐视生态的产品销售。

2）乐视物流平台：包括乐视生态产品的配送。

LePar 平台

乐视的 LePar 平台是乐视商城的延伸，是乐视 O2O 的战略下沉、C2B 的战略深化，以及众筹营销的战略提升。

金融平台

乐视的金融平台贯穿乐视生态，其中包括乐视的战略合作伙伴或兄弟

公司、乐视的用户，以及乐视生态产业链上下游的各方。此平台未来的业务方向可能有三块：

1）为乐视用户提供各类金融服务。

2）基于乐视生态产业链的上下游，提供各类金融服务。

3）基于乐视生态的兄弟公司以及战略合作伙伴经营的各类金融服务。

3. 乐视生态的终端战略

乐视的终端平台战略主要集中在三个方向：

1）无内容不硬件：这是乐视切入智能电视的战略。乐视以内容为核心竞争力，通过硬件免费来切入智能终端电视行业。

2）无 UI 不智能：是乐视垂直生态为智能电视护航的战略。在硬件免费的基础上，以"平台+内容+终端+应用"的垂直整合策略杀入智能电视行业，用"软件+内容+硬件"的垂直生态撼动整个智能电视机行业。UI亦是乐视生态的商业入口，乐视将其硬件免费，亦可通过 UI 所承载的各商业入口最终变现盈利。

3）无生态不化反：是乐视基础平台切入到各产业链的战略。借助乐视超级电视所打造的垂直整合生态，将其整套生态复制到"超级手机"上——乐视的移动终端。通过"平台+内容+终端+应用"的垂直，不仅将其硬件零成本杀入智能手机行业，并且还借助智能电视领域所积累的"终端用户""内容优势""UI迭代"，"云平台"，用整套生态作为竞争核心，切入移动终端行业，终将形成两大化反：1）硬件协同——超级手机的照片和视频不仅可以同步到云盘，更可以直接同步到超级电视，进行共享。（2）视频极致化——4K 视频，从"拍摄、上传、存储、转码、分发、播放"六大环节整合垂直 4K 生态。

综上阐述，在智能终端领域中，乐视战略归纳如下：

乐视大屏终端——超级电视

1）以"平台+内容+终端+应用"的垂直整合业态，探索垂直整合生态的商业模式。

2）以超级电视为试点，积累硬件领域的战术实施经验，为今后的其他终端复制做铺垫。

3）将 LetvUI 迭代经验复制到 EUI，用以扩展其他智能终端。

4）以 CP2C 的商业模式来进一步扩展乐视商城的影响力，为今后其他乐视生态的产品销售做铺垫。

乐视移动端——乐视超级手机

1）将乐视超级电视所总结的经验与方法论切入到移动终端上，确保乐视手机可成功崛起。

2）以乐视生态为基础，与运营商合作，解决移动端的数据流量问题；探索移动端垂直整合生态的商业模式，用以复制到其他核心终端中。

3）以乐视移动端的海量用户吸引大量开发者进入乐视应用平台，用以弥补乐视软件的应用短板。

4）以乐视超级电视与乐视超级手机为组合的硬件协同为基础，探索超级终端、EUI、云服务的生态，用以铺垫未来其他终端的协同生态。

乐视车联网——超级汽车

1）以乐视的大屏生态与移动生态为支撑，切入汽车行业，将硬件全部免费，提供基于乐视生态的各类服务，由此可见乐视造车不是玩笑，而是有其背后极强的商业逻辑与商业颠覆。

2）以大屏视频内容之长，配合移动互联的软件之长，通过 EUI 与硬

件协同，乐视汽车背后的车联网生态可谓水到渠成。

4. 乐视生态的平台开放战略

腾讯的 QQ 并不可怕，可怕的是腾讯将这套账户体系接入到各大第三方平台；原来的安卓系统并不可怕，可怕的是 Google 将其开源。当行业内各竞争对手纷纷指责乐视学苹果做闭环生态时，乐视的平台开放之路却已悄然开启。

乐视云的平台开放

IaaS（基础设施即服务）+VaaS（视频即服务）的云技术平台源于乐视网，而随着乐视云的剥离，也意味着这一技术平台从封闭式走向开放式的道路，从原来只服务于乐视网走向服务于各公众平台，从原来单一的只做视频服务走向未来的 PaaS（平台即服务），甚至 SaaS（软件即服务）的多元化之路。

1）以垂直整合的乐视生态切入视频服务领域——依托于乐视网所打造的"平台+内容+终端+应用"的垂直生态，乐视云可以提供包括拍摄、上传、存储、转码、分发、播放，六大环节的服务，从内容制作到终端呈现，打通整条垂直产业链。

2）以乐视生态平台护航——依托于乐视七大基础平台以及各产业链，乐视云的商业模式不会是简单的 B2B，而会是 B2C2B，更利于乐视整合资源，帮助用户寻找到优质内容，并帮助企业将适合的内容推送给用户，实现三赢。

3）IaaS+VaaS 只是一切的开端，在基于云的服务中，乐视当下的强项是视频服务。而未来，随着平台的开放和生态协同效应的显现，乐视云会基于 IaaS+VaaS 平台技术，并结合其他智能终端与内容应用的场景，拓展 PaaS，甚至是 SaaS 的云服务。

乐视内容平台的开放

乐视云平台的开放会进一步带动终端传统企业的互联网转型，例如影视制作行业、电视台、教育行业、医疗行业等，而这也必将带动乐视内容平台的开放。通过乐视云所提供的服务，众多优质内容最终不仅可以抵达到那些企业会员或用户，还可以通过乐视内容平台的开放而传送给千万级，甚至上亿级的乐视会员。

乐视应用平台的开放

乐视的应用商店本身就是一个开放式平台，我在此不做过多描述，但我想探讨的是 UI 系统。无内容不硬件，无 UI 不智能——这是乐视单品智能硬件成功的核心，而随着乐视云平台和内容平台的开放，我们不难发现，传统硬件厂商只需要使用乐视 UI 系统，即可让用户享受到全套乐视服务。UI 是乐视生态的商业入口，基于乐视生态协同效应，资深自媒体人互联网小熊曾预言，乐视 UI 也必将会对传统硬件制造商开放。

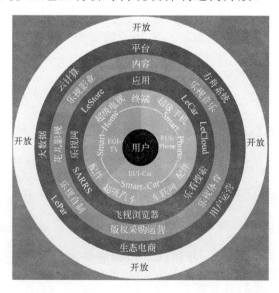

（乐视生态）

其实上面这些还不足以描述乐视生态的真正价值。

如果以工业革命为界，把工业分成两个阶段，那么前一部分叫作生产不足，后一部分叫作消费不足。在生产不足阶段，人们清晰地知道自己的需求，所以我们只需要持续扩大产能即可。但是在今天，我们已经进入了消费不足的阶段，消费者其实是不知道自己的需求的，这样创造需求的能力就成了企业成败的关键。

举个例子，你根本不知道自己需要家用机器人，但如果你在乐视的各种生态渠道中反复看到电影里的人物使用家用机器人，你就会意识到自己也需要这样一个产品，这就创造了新的需求。所以乐视生态的真正价值在于它以 IP 为核心，构建了一个在未来工业中创造需求的能力，也就是市场4.0。只有市场 4.0 形成，工业 4.0 的经济价值才会显现出来。

工业 4.0 第五重天不仅仅是技术的变革，还是整个社会组织形态的变革。当自动化和信息化深度融合的时候，跨界竞争将成为一种常态，所有现有的商业模式都将被重塑。

第七节
另辟蹊径——工业互联网四境界

> *"在航空发动机这个领域，如果能够节省1%的燃料，未来 15 年就可以给客户带来 300 亿美元的节省。"*
> ——通用电气 CEO 伊梅尔特

经历了工业 4.0 六重天的前五重天，咱们稍微停顿一下，看一下另一

套修真之路——工业互联网的发展脉络。简单地说，工业 4.0 更注重生产过程的 Smart，而工业互联网更关注产品本身的 Intelligence，但是大道相通，有了工业 4.0 五重天的基础，我们理解工业互联网就很容易了。

同样先来回顾一下美国工业互联网的前两次浪潮：

第一波浪潮：第一次和第二次工业革命（1750—1945 年）

机器和工厂的出现推动规模经济和经济领域的扩张。

第二波浪潮：互联网革命（1950 年至今）

计算能力和分布式信息网络的崛起。

美国三次科技浪潮定义

接下来，我们来说说第三次浪潮——工业互联网革命是怎么开始的。

德国人可以从智能工厂开始搞"工业 4.0"，但是美国人不行，为什么呢？因为智能工厂，你得先有个工厂，然后再智能。德国本土有非常多的制造业工厂存在，但是美国就不行了，它的制造业企业大多都是在海外生产，而本

土作为总部只剩下研发和运营职能，生产工厂已经非常少了。兔哥的另一个老东家——3M公司，就是典型的美国制造企业，它的海外生产能力已经远超过本土的生产能力了。所以对于美国企业来说，必须要先搞产品的智能化。仍然用修真小说的习惯，兔哥把美国工业互联网划分为四境界。

第一境界，智能设备。

这就是上一章说的智能产品，美国坚定地要从这个阶段开始干，发挥自己的互联网优势。也就是把仪器仪表嵌入到工业设备当中，产生海量数据。今天市面上的智能手环、智能手表、智能眼镜、智能电视都是这个阶段的产物；放到工业领域，就是智能机床、智能电动机、智能机械等。这里面就有个问题，这些产生出来的海量数据要放到哪里去呢？GE说：要用Predix。那这个Predix到底是什么呢？

咱们就拿小米智能手环来举例子吧。兔哥买了一个小米手环，这个手环中是嵌入了传感器，可以测量我的个人数据的，这些数据会通过互联网传到小米公司的云端，然后再显示在我手机中的小米APP中。当然，为了实现这个功能，我必须先有一个安卓系统，然后再安装一个小米APP。

在这个过程中，有这样一个链条：安卓系统——小米APP——小米云端。所有的数据都是采集到小米云端，显示和操作在小米APP上，而小米APP是安装在安卓系统上的。

GE的Predix就类似工业领域的安卓系统。比如，沈阳机床把自己生产的机床嵌入传感器，变成智能机床，然后把采集上来的数据传到自己的云端上；再显示在自己的软件客户端中，也就是类似APP的东西。但是一个工厂可能会使用几十个品牌的机床，不可能每一个机床都安一个软件客户端，这就需要一个统一的系统，GE真正力推的，就是这个工业领域的操作系统——Predix。

这个阶段将有两个巨大的商业机会，一是智能产品，所有的产品都会逐步智能化；二是工业云的操作系统，GE 的 Predix、西门子的工业云，还有国内许多工业云平台……这些系统会在市场上充分竞争，最后出现类似安卓和苹果的几大阵营。

第二境界，智能系统。

按照前面的路径，当很多智能化之后的产品组成一个新的系统时，这个系统也就变成了智能的。一个系统的智能主要表现在四个方面：

网络优化。一个工厂里，有些设备可能满负荷运转，而另一些设备可能是闲置的。如果这些设备都能把自己的状态实时地告诉彼此，再通过不同的设备连接起来，就可以把原料更快速地引导到恰当的设备那里，将信息无缝传输给每一个系统内的设备，这样就能减少等待时间，大大提升设备的使用率。

维护优化。当每个设备都智能化之后，我们不仅可以监测单个设备的运行状况，还可以监测整个设备组的运行状况，这样就能把需求和维护的成本最小化。

系统恢复。当整个系统都智能化之后，它的信息更多是存储在云端，这样即使本地出现了重大的故障，整个系统也能够迅速恢复运行。

学习。这跟人类的学习非常类似，其实我们掌握的很多知识都是通过跟别人协作和交换信息学来的，而不是自己读书学来的。机器同样是如此，对于一台单一的机器，它的升级只能依靠人类对其进行程序升级。而对于一个智能化的机器系统，将每个机器的运行情况汇总到一个单独的信息系统中，机器群就能够以一种单个机器无法实现的方式进行快速学习。

第三境界，智能决策。

当一个系统足够大时，就可能会有几万甚至几十万的设备接入其中。对于这种大范围的检测网络设备和机组，操作员需要快速做出成千上万个

决策，以保持最优的系统性能，这显然是人类无法做到的。而在智能决策当中，这种大系统的复杂性带来的决策负担将被转移到数字系统里。比如一个大范围的电力系统中产出的信号不需要再发送给每个发电厂的操作员。智能自动化系统可以根据风能、太阳能、电力需求的变化以及其他发电厂的情况而直接灵活调度各发电厂。

第四境界，整合各元素。

当前面三个境界都得以实现时，智能设备、智能系统和智能决策的所有信息便都能放在一起，然后再对所有这些数据进行大数据分析，就会产生巨大的商业价值。

工业互联网的四境界，是从智能产品切入，不断深化生产服务化的过程，虽然它是由制造业企业 GE 提出，但是我想，未来所有的互联网企业可能都将顺着这个路线不断地下沉进入制造业的竞争之中。

第八节
殊途同归——黑客帝国

> *"你们凡人，在矩阵中，就像电池。"*
> ——《黑客帝国》角色 墨菲斯

"工业 4.0"和工业互联网只是制造业修真的不同道路，殊途同归终成正果。"工业 4.0"大圆满阶段，就是黑客帝国。

当我们回顾这部经典电影的内容时，会出现一些非常有意思的细节。

《黑客帝国》第一部中，黑人领导墨菲斯拿出了一节电池，告诉还未入

伙的 NEO："你们凡人，在矩阵中，就像电池。"

这节电池到底是什么呢？这个就要从矩阵的前世讲起了。

程序存在于计算机中，人类存在于现实社会中。

人类利用程序制造出机器人，机器人被用于人类世界。

由于机器的运行是通过由 0 和 1 编出来的程序来执行的，所以机器做事严谨，其逻辑和运算能力是人类远远办不到的。

不过，虽然机器的能力很强，但它们只能严格遵循编好的程序（章程）办事。

所以，虽然机器能在最大程度上执行人类的理论和技术并做到极致，但却做不了创造性的发明。

这样一来，人类文明会不断创新进步，而机器文明只能原地踏步。

因此，机器才做出了"矩阵"这个虚拟世界。

生活在这个虚拟世界中的人类，继续在沉睡中利用大脑发明创造，研究出更厉害的理论和技术。

对于这个虚拟世界，人类就是"电池"。

这部电影揭示了工业的未来。

在未来，多元宇宙将在虚拟世界成为现实，一个现实的世界将对应无数个虚拟世界，人类不再需要学习如何有效的操控机器，而是机器反过来学习如何更好的服务于人。改变现实世界，虚拟世界会改变；改变虚拟世界，现实世界也会改变。一切都在基于数据被精确的控制当中，人类的大部分体力劳动和脑力劳动都将被机器和人工智能所取代，所有当下的经济学原理都将不再试用。

但是有一些东西是不会变的，我相信。

人类的爱、责任、勇敢，对未来和自由的向往，以及永无止境的奋斗。

　　很多人所谓的"十年经验"，就是把一个经验重复了十年而已，所以你看了前面几章，已经对工业社会的发展脉络和"工业 4.0"的演进路线特别明白透彻了，其实也没有什么用。纸上谈兵谁都会，干起来就发现不是那么回事了，所以要想把理论晋升为能力，还得经过刻意的练习。在这一章里，兔哥将分享一个自己亲身参与的智能制造转型升级案例，从工业 3.0 到工业 3.5 的全过程，从实施的步骤到每一个阶段里遇到的问题都有涉及。虽然是个完整案例的简化版，但抛砖引玉，希望大家在实施"工业 4.0"的过程中借鉴参考吧！

第五章

纸上得来终觉浅，绝知此事要躬行

第一节
取经之路——从工业 3.0 到 3.5

[
"决定伟大水平和一般水平的关键因素，
既不是天赋，也不是经验，
而是"刻意练习"的程度。"
]

——*知名营销人 李靖*

犹如我们一贯在强调的，本书是一本严肃的科技读物。那严肃体现在哪里呢？就体现在我们绝不是光说不练。但是在现阶段，如果真说哪个制造型企业已经达到了"工业 4.0"的水平，那真是让人贻笑大方。虽然"工业 4.0"尚且遥远，但唐僧他老人家说过：取经路上的每一步、遇到的每一个劫难都是一种修行。想要腾云驾雾直取真经，取回的只能是草纸。总结一下就是，路要一步步去走，饭还得一口口来吃。

所以以下这个案例算不上是制造型企业"工业 4.0"案例，但可以算是一家"工业 3.0"企业通向"工业 4.0"的取经必由之路。

由于这个案例尚在实施阶段，所以按照兔哥的惯例，这里隐去企业的行业属性和真实名字，各位看官千万不要来追问我，因为我打死也不会说。

在我的认知范围内，虽然没有达到"工业 4.0"标准的企业，但如果说达到"工业 3.5"的，也就是在数字化工厂这个范围内的，还是有很多优秀的案例的，其中兔哥最熟悉的莫过于西门子建在德国安贝格的工厂。在这个工厂里，西门子用自己的数字化工厂解决方案持续生产着数字化和自

动化产品。为什么说其是当今最好的数字化工厂之一呢？来看两组数字，一是其高达 99.9%的惊人的产品合格率；另一个就是它的高生产效率，安贝格工厂在 10 年间没有增加一寸土地和一个人工的情况下，生产效率提升了 8 倍。

如果说安贝格离我们的时间和空间距离都有些远的话，但西门子现在已经将安贝格打包复制到了成都，而且这次复制是优化后的，是将数字化工厂的优势集中展现的样板工厂。这个工厂刚建立来时，我去参观过一次，那时因为工业 4.0 的概念还没现在这么火，参观的企业也还没有这么多，我们还能够进入生产线和物流中心，实地完整地了解工厂的构造。现在听一位刚去过的朋友讲，由于参观的团队太多，已经影响生产，所以除非是 VVIP 到来，否则西门子已经不允许参观者实际下到生产线上，只能按照指定路线参观；并且，现在为了满足参观和讲解要求，西门子还专门设了一个团队负责接待事宜。可想而知，"工业 4.0"这个概念现在有多么火爆。

我们接下来要介绍的这个案例的客户背景是一家知名国内企业，在其行业中属于绝对的龙头，属于制造加工型企业，其生产的产品的品质非常好，产品远销海内外，公司为集团化运营，在全国有多家分厂，这个项目是其建在海外的首个分厂。对于客户来说，是想把该厂建设成为集团内数字化工厂的典范，因此该项目得到了其集团内部很大的重视，在建厂前期做了大量的调研及准备工作。而各大解决方案供应商也都深度参与到了该项目中，可以说这个项目是在现有技术基础上一个非常典型的数字化工厂建设案例。

那兔哥为什么要举这样一个案例呢？

首先当然是本书的作者有幸参与到了这个项目的前期设计之中。而另一方面，对于一家连锁制造业企业的老总来说，他的痛点很多，从研发设

计、生产制造到市场销售和售后服务，每一个环节都有操心的问题；而对他们来说，智能制造的方向无疑是解决其很多根本问题的出路，在这一点上，大多数企业家都很容易认同。对他们来说，企业如果要有未来，升级就是必需的，而升级方向一定是智能制造。

可现实的问题是，方向虽然摆在那，但却不知道该如何落地，如何把碎片化的信息整合在一起，以及如何去一步步地实施执行。

对于这一点，这家企业的负责人还是非常聪明的，他采取的一个重要原则是，要通过自上而下的设计来带动自下而上的实行，所以他选择了一家机构作为顶层设计团队，而把实施交付给了数字化解决方案提供商，也就是那些传统的软件及自动化设备提供商。

那这家企业到底是如何迈出取经第一步的呢？让兔哥给您细细道来。

第二节
整装待发——出发前的准备

> "智能化是手段不是目的，就好比人生病一样，不能有病乱投医、乱吃药。智能制造需要先医后药。"
> ——施耐德电气中国区总裁　朱海

任何事在做之前都要进行周密的规划，尤其对于要建设一家数字化工厂来说，需要设计的事情很多，但在这一切开始之前，作为企业的最高决策人，最最重要的是先要和你的管理层达成共识，做到思维统一。因为在企业升级的过程中，管理层是最重要的推手，如果管理层在企业升级本身

或者升级模式上达不成一致，那么必将事倍功半。任何一家企业的管理者其实对于这一点都很明白，也深知管理层心不齐会带来多大的危害。

那么新问题来了，管理层怎样才能高效、快速地达成一致呢？一种是最高决策者在企业有足够的话语权和推动力，这种一般在民企或者私企中较常见，因为这类企业的老板多为创始人，对企业拥有绝对的话语权，下达任何指令管理层都会无条件地接受。另一种情况则是决策者不是唯一的一个人，而是一个团队，如果想顺利实施计划，就需要最高决策层达成统一认识。一般这种情况就需要借助外力的作用，而咨询公司往往就会起到这种外力推手的作用。这些数字化工厂顶层设计的咨询公司一般会通过咨询合同或者培训的方式参与到项目的顶层设计中来。

而当管理层达成共识后就可以进入项目的整体规划设计阶段，这时就要靠精通制造业的专业人士参与进来了。一般来说，这类专业人士也包括好几个方向，比如工艺方面的专家、工厂结构方面的专家、自动化专家、信息化专家等。

顶层设计公司进场后，首先要弄清楚两件事：现状分析和目标分析。

首先我们来看第一件事：现状分析。

所谓知己知彼，就是要先弄清自己的企业目前处于一个什么状况？到底有多少家底？如果您的企业现在还处在以手工作坊为主的生产模式中，那您还是趁早忘记智能制造的概念吧，先踏踏实实地把设备自动化做上去，哪怕是投资一些单一的自动化设备，只要能提高生产效率并且控制人力成本，便都可以仔细考虑一下。而如果您的企业目前自动化设备齐全，ERP啊，MES啊，PLM啊，SCADA啊……能上的都上过了，那么恭喜您，是该认真考虑一下智能的定义了。所以在一切开始之前，一定要弄清自己的

企业现在处于哪个阶段，以及在同行业所处的地位。

现在在中国，不同的行业在工业进化过程中所处的地位截然不同，而即使是在同一行业之中，一流企业和末流企业在发展阶段上也大相径庭。兔哥在近两年拜访了几十个行业里的超过上百家企业，可以说在其中从"工业2.0"初期到"工业3.0"末期的企业都是存在的，因此盲目跟风对于很多企业来说都是非常有风险的，要时刻谨记一句至理名言：步子不要太大。

下面我们来具体说说都要从哪些方面分析企业的现状。

首先，我们要对现有的生产过程建立一套模型。在这套模型中要按照工序列出整个生产的工艺流程图。而在这套模型中起码要包含如下这些信息：该工艺段所包含的人员（工种、数量及相关位置、责任等）、设备种类、物料输入和产出、生产过程、生产节拍和生产能力。

在建立基础完整的生产过程模型后，我们就要开始进行初步分析了。既然目标是要进行智能制造或者说是建设一个数字化工厂。那么我们就需要从自动化、信息化和智慧化三个方向来具体分析每一个工艺段，而这一阶段的要着重分析各方面可能会给整体设计带来局限性的地方，因为这些局限性就是现阶段会影响效率和成本的因素，这是为了下一阶段制定数字化工厂目标奠定基础。

我们再来看第二件事：目标分析。

第一步的现状分析是为了让我们拥有基础数据，而有了这些基础数据，我们就要开始设立数字化工厂的实施目标了。目标设立不能好高骛远，也不能目光短视，要结合现状分阶段地制定，并且要具体和能够落地实现。

从智慧制造的宏观目标来说，最重要的是要保持企业在市场和行业内的核心竞争力。在制造业当中，核心竞争要素一般以 TQCS 模型来表示。

这是四个要素英文首字母的合写，这四个要素分别是：T=Time（时间），Q=Quality（质量），C=Cost（成本），S=Service（服务）。当然，这四个要素只是四大方向，我们还要对其进行分解，一直要分解到具体的生产经营的指标。一般来说，从宏观目标到每一个具体可实施的层级，通常要把目标分解成五个层级以上。这有点像项目管理中的 WBS 模型，即把每一个项目分解到最小的，小到不能再分的具体事宜。比如，现在有一个项目是为新老板的上任举办一个欢迎晚宴，那么层级一就分解成策划和执行，层级二就要把策划再分解成内容策划、人员组织和物品采买，到了层级三再把物品采买分解成活动用品和食品，层级四再次将食品分解成酒水、蛋糕等，最终层级定义出蛋糕由谁来买这一可执行的内容。

而在智能制造目标分解模型中，我们可以定义层级一是将经营指标进行分解，这些指标包含生产效率、生产效能、通过率、可动率、员工绩效等一系列可衡量的指标。这一些经营指标的提升是智能制造实施得好与坏的最直接的反馈和衡量依据。

而层级二就是要进行关键工序层的分解。因为经营指标相对实施来说只是给出了方向，显得过于抽象；而层级二的目标就是要找出影响经营指标的核心生产要素，我们称之为关键工序。这些关键工序就如同足球比赛中的关键先生，虽然这是个团队游戏，但要是没有关键先生临门一脚的破门得分，即使踢得再强悍、再漂亮，对结果来说也没有实际意义。所以要首先实现关键工序的智能化，然后再串起整个价值链，在各个工序中逐步实现全厂的智能化。

通过这两个层级的分解，企业智能制造的整体目标已经从宏观层面的TQCS 有机组合逐步具体为企业内工序级的优化和智慧升级。但这还远远不够，还要继续下沉至具体实施路径级别，找到从哪里入手改造生产模式

和工艺。这属于层级三。

而到最后还要再一次进行分解，那就是要分解到最终的基础设施上。对于全厂智能化的建立来说，首先是要确保整个生产线及相关系统能够支撑起智能化的推进，比如生产设备是否已实现高度自动化，生产执行系统与管理系统是否已经生成统一的信息平台。

不知你发现没有，分解到这步其实才算是真正落地到全厂自动化与数字化的建设上，但如果你没有搞清楚自动化和数字化的目标是如何分解而来的，而只是为了自动化和数字化而盲目地上一些高大上设备或者软件系统，那就会成了和尚买梳子——毫无用武之地。

总结一下目标分解，我们不难发现这是一个逆向思维的过程。整个模型都是以生产经营指标为导向，为了追求低成本、高能效、智慧化的目标逆向推导而来。而最终落脚点，从现在的技术水平而言，还是要落到以自动化、信息化为基础，并同智慧化进行三化融合的基本需求上来。

第三节
步步为营——三化融合步骤

"互联网工厂能够做到'三化'
——无缝化、透明化、可视化。"
——海尔集团董事局主席 张瑞敏

三化融合指的是自动化、信息化到智能化的融合。说是融合，其实是有层级关系的，一般会从实现自动化开始，然后逐步发展。但作为下一代

智能工厂，如果不在建立之初就充分考虑三化融合问题，而是分开来搞那么最终的结果就很可能是不协调、不一致。

我们先来聊聊自动化，自动化行业从第一台 PLC 诞生，至今至少有 60 年的历史，应该说这已经是一个非常成熟的领域了。然而我国很多企业还是处在从手工作坊往自动化生产的转型之中，因此自动化依然是个重要的课题。并且，无论是"中国制造 2025"、德国的"工业 4.0"还是美国的"工业互联网"，自动化都是实现这一切的基础，也是实现信息化和智能化的必要实施条件。而另外一个不可忽视的问题，就是人力成本上升带来的"用工荒"对劳动密集型企业带来的巨大影响，而类似工业机器人这种的自动化应用将有力地解决这个问题。比如，富士康这几年大力投入资金进行机器人的研发和推广工作，目的就是解决自身过度依赖人力的问题。

在自动化行业里，核心部件就是 PLC（可编程序控制器），这类产品目前基本属于德日系产品的天下，美国货仅在高端领域有所建树，而我们的国货多集中在低端市场。但随着这两年市场开始萎缩，有明显的两头向中间挤压的态势，并且在一些对产品性能要求较高的行业中开始出现如和利时、浙大中控的身影。而像西门子这种以往只出现在高端市场中的品牌也开始生产适合国内低端市场的产品，并出口至印度、东南亚各国和俄罗斯等发展中国家市场。

除了 PLC，另一个核心部件就是工业机器人。目前，高端工业机器人依然属于 ABB、发那科、库卡、川崎这四大品牌的天下。这四大品牌也是看到了中国市场这块巨大的蛋糕，纷纷把其机器人事业部的总部或者研发中心、生产中心搬到中国来。相比之下，我国国内品牌依然很弱小，虽然得到了政策的大力扶持，但因为产品积累度和行业经验的缺失，在核心应

用场合依然暂时无法取代四大品牌的地位。对于国产品牌，除了市场和品牌影响力外，核心技术的缺失也是导致目前发展不佳的重要因素，比如机器手臂用到的 RV 减速机，目前依然被两家日本企业所垄断。

工业领域的技术，不同于互联网平台，后者重要的是应用和体验，因此在平台应用端可以实现弯道超车，诞生 BAT 这种巨无霸公司。而工业领域需要的是基础研究和技术沉淀。在我国，可以说到目前为止，在工业领域还未出现一家世界级的公司，并且从现在中国大多数企业的发展来看，预计短时间内也不可能出现世界级的工业公司。

在未来通往智能工厂的道路上，信息化是重中之重，这也是目前被讨论得最多且最广泛的话题。信息化的概念其实非常好理解，就是利用 IT 技术将流程化的事务进行标准化的封装，再用软件系统予以解决。其中一个重要的核心要素是信息能够自由流动，即能够做到上传下达。

对于构建信息化平台从基础设施角度来讲，一是要进行全厂的全网布局，即网络架构；另一个就是要部署软件平台系统。

先来说下全厂的网络架构设计，一个好的架构设计标准非常简单，总共就十二个字：稳定、可靠、安全、无线、方便运维。用标准学术语言来说就是"达到专业规范、技术先进、经济合理、安全使用、质量优良、管理方便之目的"。

在整厂的网络架构中，一般分为两个层级。第一层级我们可以称之为 IT 层级，中文来说就是信息层级，这个层级都是信息的传送，不负责对生产设备的实际控制，所以这个层级又被称为企业层，对于实施来说主要利用的是企业的信息化技术，多以办公网络为主。一般在这个层级运行办公管理系统（OA）、客户关系管理系统（CRM）、企业资源管理系统（ERP）、供应链管理系统（SCM）、产品生命周期管理系统（PLM）和制造执行系统（MES）。发

现了吧？我在这里没有用软件一词，而是说系统，因为这些缩写为两个字母或三个字母的单词不单单代表一个软件，里面还包含了大量的管理流程和方法，而软件只是这个方法的集成和展示，所以选择这些系统别再关注谁家技术好、码代码能力强。关于这点我可以负责任地说，不管哪个品牌的软件，从技术角度都是用 JAVA 或者.net 的标准语言开发出来的；而作为使用者应该关注的是不同品牌对流程管理方法的不同理解。当然，不可否认的是，技术水平不同的工程师写出的程序是有差距的，差距在于：成熟的产品都会经过很多轮实验，系统 Bug 会比较少，而一个新的产品就可能不知什么时候会遇到陷阱。所以一个世界级的软件平台一般都会有一支上百人的优秀开发团队。

回到讨论 IT 层级，这一层级一般包括全厂的主干网络布局，比如光纤、数据中心、主交换机等。像思科、华为、H3C、锐捷等都有一套成熟的布局方案和设备。如果想对这方面有更加深入的了解，可以参阅这几家公司的介绍资料，这里不再赘述。

第二个层级称为 OT 级，中文一般叫作生产网络。这是连接设备与设备之间的网络，因此也是物联网的核心。因为其运用的是工业现场通信技术，所以又称为现场级。这一层级一般包括两个方面：控制层和设备层，这就又回到了自动化领域。控制层一般就是 SCADA 系统，即数据采集与监视控制系统。在离散工业中多用"组态软件+人机界面+PLC"（可编程控制器）来进行实际控制，而在过程中就是 DCS 系统的架构。这里有一个很有意思的故事。早期，西门子 DCS 系统的硬件其实同 PLC 是一个产品，只是软件系统略有不同，因为 DCS 系统更多是控制模拟量，而 PLC 更多是控制数字量。从一个品牌的架构来说，我认为这是一个非常好的布局，一种产品就可以多场景应用，未来无缝链接的扩展性也就更强。但这一方式遭遇了竞争对手的

强烈阻击，因为在 PLC 领域，西门子的地位很高，尤其是其经典的 S7-300 系列。而其在 DCS 领域的主要竞争对手在 PLC 领域都比较弱，因此这也成了竞争对手的一个重要控标点。在这个领域里，因为要对设备进行实时控制，所以没有使用开放的以太网协议，而是用的较为封闭的协议。说其封闭是因为至今在总线协议上也没有达成全世界统一的、唯一的标准。从主流的 Profibus 总线协议、Can 总线协议、Modbus 总线协议，再到目前以工业以太网为基础发展出的 Profinet 协议、Ethernet 协议等，每个时期基本都是几个协议共存的状态，而且这些协议标准都是国家和国家间、企业和企业间所争夺的要地。在管理学上有句话：一流企业做标准，二流企业做品牌，三流企业做产品。而这些世界级企业都在争相参与标准的制定。遗憾的是，在工业通信领域，我们国家的企业基本没有什么发言权，主流标准没有一个是由我们来制定的。而如今，美国提出"工业互联网"、德国提出"工业 4.0"、中国提出"中国制造 2025"，这些国家战略都把制定标准作为首要目的，应该说谁抢得到标准，谁就手握王旗，谁就会领先市场。中国市场因为其巨大的体量和商业价值，通过用市场换技术的方式，确实在标准制定的话语权上越来越高，最典型的就是高铁的例子。至于在这次工业大革命中能否实现弯道超车，我们也只能拭目以待。

正因为在 OT 层都是传统自动化公司的天下，并且都是半封闭的协议，所以在这个层级中，工业自动化公司在解决方案和设备上都占有绝对话语权。而 IT 网络公司一直在尝试进入这个领域，但是这些企业除了技术问题，最大的问题还是市场认知度以及目前工业自动化产品这种硬件设备和通信协议打包销售的市场模式。

可能你会说，在 IT 层用的是以太网协议，而 OT 层也有工业以太网，为

什么不能统一呢？对于这个问题，我认为答案应该是对于网络的需求不同。

首先来说说两者的聚焦方向，由于 IT 是办公型网络，因此对于管理人员来说，他们更关注的是信息的传达要简单方便，以及对于知识产权和资产要进行保护。而 OT 端对于现场人员来说，更关心的是安全稳定，要保证 24 小时不间断地运行，并且在设备角度上追求综合效益高。综合效益就是指设备间的一致协调性，网络再快，设备处理跟不上也没有任何意义。

然后我们再来看对网络需求的优先级，IT 的顺序是保密性、完整性、可用性，而 OT 端正好相反，依次是可用性、完整性、保密性。因为 IT 端一般都会连到公网，简单来说，如果有个黑客技术很厉害，那么只要他能突破公网防火墙就能进入你的系统，所以 IT 端对安全性和保密性要求最高。而在 OT 端，一般都是进行局域网隔离，只允许物理访问，很少允许网络设备访问，也就是说，你可以拿网线去连其局域网，但通过公网的远程控制是不被允许的。虽然对于某些高手来说，远程技术上侵入也是有可能的，但只要你不是特别知名，一般人也不会没事非要攻击你，毕竟物理隔离还是很难突破的。所以对于 OT 网络来说，安全性较有保障，所以追求稳定变成了第一位，因为对于很多企业来说，停机停产都可能会造成巨额损失，甚至会造成生产事故。

再来看数据流量的类型，IT 端会涉及数据、音频和视频，单体传输量可能会比较大，因此对带宽和速度都有要求。这点不用多说，家里有宽带的都能明白。另外就是偶尔出现的丢包现象（这是个 IT 术语，你可以理解为你打算给对方 5 元钱，结果传到对方手里还剩 2 元，另外 3 元在中间掉了），因为其可以重复地发送数据包，直到对方接收齐全为止，所以在 IT 层风险较小。而在 OT 端，数据类型基本是数据和控制信号，单体传输量

都不大，但是却不能接受丢包现象，因为一旦丢包，设备没有接收到正确的指令，就将无法进行操作。

这里其实有一个重要的问题，那就是随着技术的发展，设备和设备间之间要想实现真正的智能化联网，那么未来 OT 端数据的体量和对速度的实时性要求也都会很大，所以现在从技术上来看这还是制约的一个因素，而随着 5G 甚至 6G 时代的来临，不知道这个问题是否能够如愿解决。

另外还有一些需求差异体现在技术层面，但作为一个认真讲故事而不认真做技术的风险工业家，兔哥在这里就完全略过了。

目前来说，IT 和 OT 的融合将会是大趋势，很多主流企业已经在开始尝试去做一整套企业网络方案了。但还是那句话，在工业领域，很多问题不是技术因素导致的，有很多是因为使用习惯、销售模式、决策体制以及市场因素等决定的。

说完网络架构设计，另一个就是系统部署层面了，这也是个大活。

第四节
抛砖引玉——迈入真正的信息化

> "不要在落后的工艺基础上搞自动化，
> 不要在落后的管理基础上搞信息化，
> 不要在不具备数字化网络化基础时搞智能化。"
> ——北航教授 刘强

系统部署的关键在于对信息化需求的理解。应该说，对于不同行业、

不同企业来说，有些需求是标准化的，但绝大多数是定制的，因此在企业上系统之前一定要先弄清自己的信息需求到底是什么。兔哥已经看过太多的案例了，比如，企业上了一整套 ERP 系统，结果最后只能当成财务软件使；甚至在有的企业，ERP 的数据都是为了给领导汇报，每次汇报前都要手动自行输入，而每个人手里都会有一个本，用最传统的办法记录各类生产数据。出现这种问题的不单单是民企，还有国企，甚至还有号称管理水平极高的外企。

那需求究竟怎么梳理？需要梳理哪些？我可以再次负责任地告诉你：基本没有人能清楚、完整地给出答案，因为没有任何两家企业的需求是一样的，包括同一个工厂的不同车间都可能完全不同。但作为一个负责任的人，我在这里还是要给大家一个方向，算是抛砖引玉。

首先如同生产目标分解一样，信息需求也要分解，我们暂且分成三层，我们先看在颗粒度最大的第一层中我们都有哪些需求。

第一层需求最少应该包括：智能制造信息功能需求、信息采集需求、信息存储及表示需求、信息集成需求、非功能需求。

怎么样，有点懵了？别懵，还有更具体的需求。如果您不具体负责工厂的信息化业务，那以下可以略微带过，因为到这儿我再不用些行业语言去描述就实在是无法说清楚了。很明显，兔哥不是一个爱凑字写书的人，因此二、三层需求就一块儿说：

首先是信息功能需求，要分解为四层：

第一，生产状态跟踪：分为产品唯一标识、产品状态监管。产品唯一标识是指，要给予每一个原材料唯一的识别码，是选一维码、二维码还是 RFID，要看数据的存储量、实施方式和成本。

产品状态监管：要能做到每个生产步骤下的每个产品的信息都能够实时展示，最好还能使所有人都看得到，使每一个产品的信息更新都要有迹可查。

第二，设备管理：分为设备分类管理、设备状态监管和设备状态分析反馈。

设备分类管理：要先把设备按功能进行分组，建立起树状的设备分类结构、每个设备的使用文档和管理文档都要进行归类，并一一对应。

设备状态监管：要能做到对每一台设备的状态进行实时监控，并且能随时、快速地查到每台设备的即时信息和实时信息；对于各类设备的程序要做到集中管理。

设备状态分析反馈：所谓状态分析，其目的是要对设备的未来使用进行预测，尤其是对故障的预测，要达到预防的目的，因此要利用数据建立因果关系模型，进行分析。

第三，车间物料管理：分为物料配比计算、工装器具唯一编码、工装器具状态监管

物料配比：如果物料配比做得好，就可以节省大量的人力和资金成本，要依据工艺路线精确安排物料的投放量。当然，这一点还要跟智能物流仓储系统相结合。

工装器具唯一编码：同产品的唯一编码类似，每个工具都应有自己的身份证。

工装器具状态监管：和设备状态监管相类似，但这里多了的一点是，工装器具可能是易耗品或者使用生命周期较短的用品，而且要不断进行补货，所以要通过状态监控来提供采购建议。

第四，质量管理：质量管理是很重要的环节，也是一般配置 MES 系统

最先考虑的环节。

这其中包括检测结果监管和检测结果分析反馈

检测结果监管：一是要及时，二是要可追溯，三是要可快速检索。兔哥曾经做过一个项目，其中就包括检测结果监管。业主实施这个项目的起因是生产线上出现人为操作不善而导致产品受损，而一线员工是因此要被扣钱的，但大家因为都不想担责所以互相推诿，以次充好。因为没有系统，所以无法及时发现和处理，更无法确认到底是哪个员工的问题。除了这种原因外，兔哥还遇到过因为客户产品出口国外，国外客户对其产品质量监管有要求；还有就是因为政策因素，比如三聚氰胺事件后，所有奶制品必须要可追溯等。一个最有意思的例子当属全聚德，其售卖每只鸭子都有唯一的 ID，每位食客可以通过其网站查询每只鸭子从生到熟的全部过程。这个例子堪称是非常有诚意的，让我们这些爱装的人受益匪浅。

检查结果分析反馈：除了及时性外，更重要的也还是建立模型以进行分析和预测，为改进做准备。

说完信息功能需求，再来看看信息采集需求。系统需要采集的信息主要包括五大类，分别是人员信息、产品信息、设备信息、工艺信息和加工信息。这些内容基本贯穿了所有工序环节，如果没有这些信息，就别提智能化了。这些信息都是未来工厂的基础。

1. 人员信息

人力资本的重要性兔哥就不用多说了，可人是最不可控的因素，在工厂里如果不能准确掌握每个人员的信息和动向，就无法合理地进行人员安排和管控，也无法发挥个体优势，更无法去产生更大的协作价值。在人员

信息的采集上，要做到对每个人基本信息的采集并打包成库，这些信息是一系列管理的基础。这些数据的采集要有一个整体规划，但并非需要一次性解决问题。基本要通过多轮收集来补充完善。

2. 产品信息

产品是生产的核心要素，设备再好，人才再棒，生产的产品不行也没有任何意义。所以产品信息采集的重要性不言而喻，一般管理者推动信息化的第一步都会从产品信息采集开始入手。现在，产品信息采集的关键点在于颗粒度的大小，从原材料进场到产品出厂的信息采集其实非常容易，几乎每个厂都能做到，否则连是赔是赚都无从知晓。但能把生产的每个环节产品的状况，每个产品由哪些原材料生产出来的这些都搞清楚，其实还是很复杂的。除了对每个原材料的最小单位给予标识外，生产流程的每个环节只要是推进一步都要做到能记录。目前来看，在技术上实现不难，主要还是要考虑效率和成本。

3. 设备信息

设备是一家公司的重要资产，一些关键设备更是制约产能的重要因素。中型以上企业一般都会有自己的设备管理部，每个车间也都会有自己的台账。应该说，对于设备管理基本都在做，但若没有一个平台系统对设备信息采集就会出现几个问题。一是达不到实时性；二是没法建立模型来对设备进行分析和预判；三是虽产生了大量数据却只能搁置在角落，查询起来又极其复杂。因此，在设备信息的采集上是大有文章可做的，这些数据是帮助企业提高生产系统稳定性、提前处理威胁的重要手段。在设备上需要采集的信息包括：维护信息、报警信息、备件信息、运行信息等。

4. 工艺信息

工艺信息包括设备加工时间、具体加工参数等，这些也是生产工程中十分重要的信息资源。目前的最大挑战是将分散的、纸质化的信息进行高度集成，并在进行数字化后进行统一管理。

5. 加工结果信息

加工结果信息能够为生产部门提供当前生产情况的实时反馈，从而为生产人员进行生产调整，尤其是设备微调提供依据。这些信息很多都被分散地存储在不同的检测设备中，彼此之间没有联动，这一点是目前最需要解决的问题。

对于信息的存储，还是比较好理解的。存储上要有核心的硬件设备，包含文件服务器主机、数据服务器主机、应用服务器主机，以及配套的电源、通信、机房环境、安全设备等。这里需要强调的是数据的安全性，对于安全性的理解不仅是防止外界的侵入，还包括自身的备份和冗余。兔哥曾经有一个客户，其主数据服务中心建在北京，而备份服务器却建在 300 公里以外。为什么？因为怕出现如地震等自然灾害而导致数据的丢失。在大数据时代，数据的重要性不言而喻，因此保证数据的安全是第一要务，此外还有存储的软件平台，包括数据库管理系统、文件服务器、应用服务器和中间件等。在 IT 行业，对于数据的汇总会用到一种叫数据仓库的平台，它可以将不同格式的数据库统一储存在一个数据池里，以方便统一调用和分析。

另外一个重要需求就是信息的集成需求，比如 ERP 和 MES 之间的打通就是一个典型例子，这两者之间除了技术上要解决对于数据库的调

用和共享以外，我认为最困难的还是不同公司和不同人之间的协调，因为目前多数公司的 ERP 和 MES 不是一家供应商的产品，而且不是在一个阶段上线。当企业上 MES 时，可能 ERP 已经用了好久，那 MES 的实施方想找 ERP 的实施方一起进行测试很困难，反之也一样。现在的主流方式是开发一款中间件产品来双向导通 ERP 和 MES；另外一种是用类似 IBM 企业服务总线的方式，把其他系统都作为插头插在服务总线上。无论怎样，在技术上都可以实现，但在工程实施环节其实还是会遇到很多问题。避免信息孤岛的出现是迈向智能制造的一个重要话题。

在信息系统集成时，我们还应尽量遵守以下原则：第一，方案简单，易于实现和扩展；第二，不增加原系统的复杂性，不改变原系统的稳定性；第三，抓大放小，抓住主要矛盾。

最后，对于非功能性的需求，其实也非常重要，因为这些需求基本贯穿所有平台，应该算是行业标准，比如安全性、高效性、可靠性、易用性、可维护性、可移植性和可扩展性等。

如果智能制造是最终目标，那么一切都要服务于智能化，因此自动化和信息化都是为了智能化而进行的基础性建设，高度的信息化为智能决策提供全方位的信息支持；而完备的自动化则为决策的执行提供有效的运行环境。只有地基打得牢，房子才能建得高。

既然最终要实现智能化，那智能化要怎么实现呢？从目前的技术手段来看，还需要一段时间的储备。但从发展方向来看，衡量智能化的实现程度还得从四个方面来考虑：一是自我感知能力，二是自我控制能力，三是自我适应能力，四是自我优化能力。总结起来就是，机器在能够和人力同步获得海量数据的同时，通过快速的逻辑分析建立模型，并仿真结果。在

这个过程中，机器不仅仅是单方获取信息，还能自我学习、不断创新，并根据实际任务智能重组，形成最佳的系统结构；并且能够自我检测、自我维护，甚至自我升级。

取经之路从来都不是一帆风顺的，九九八十一难都是对企业的锤炼。只要对企业发展有长远的眼光，真经也许真的有一天会落到你的手中。

第五节
管窥见豹——西门子数字化工厂游记

> *数字化企业不可能单独构建，只有携手*
> *合作才能加快迈向美丽的远景目标。*
> *——西门子大中华区 CEO 赫尔曼*

2016 年 7 月，西门子公司在北京举行了盛大的工业论坛和工业 4.0 技术展，兔哥受邀参加了此次论坛，转了一下数字化技术展厅，然后再一次去参观了西门子在中国唯一的数字化工厂，这里也详细介绍一下我的一些感受。

数字化工厂概念

说到数字化工厂，我们就不得不先回顾几个概念：德国的工业 4.0、美国的工业互联网和中国的中国制造 2025。

各专家关于这几个概念的各种解释能装一火车皮，要在此处详细辨析这几个概念，写整本书都绰绰有余，所以我们还是简单点，用几句话把它说个大概。

市场 1.0——自然经济：即农业社会是自给自足的经济，即我生产我消费，偶尔拿点东西出去交换一下。

市场 2.0——区域经济：大航海和蒸汽革命之后，人类建立起区域经济，在区域内大规模贸易，在区域外小规模贸易。欧洲、亚洲、美洲等大洲的概念就是在这个阶段逐渐确立起来的。

市场 3.0——全球经济：电力和信息革命大大降低了人们跨地协作的成本，全球经济建立了起来，整个工业生产分散到了全球的每一个角落，地球村的概念开始出现。

市场 4.0——碎片经济：互联网带来的社群化使不同社群间的价值观差异越来越明显，人们越来越难以相互理解，历时几百年被整合起来的市场再次被打碎，形成了众多的个性化需求。

为了适应这个碎片化的新经济趋势，传统规模驱动的大工业生产必须要变成由数据驱动的小工业生产，这就是所谓的第四次工业革命的源头。

我们今天之所以有时会觉得工业 4.0 不好落地，就是因为自身所在市场的市场 4.0 可能还没有完全形成，自身还没有感受到切实的痛点。

对于如何让数据在工业中发挥作用的方法，世界各国吵吵嚷嚷、意见不一。

德国是最好的制造基地，它的"工业 4.0"更关注生产车间里的数字化，也就是生产过程的智慧化（Smart）。

美国是最大的消费基地，它的"工业互联网"更关注最终产品的智能化，也就是产品本身的智能化（Intelligence）。

而中国的中国制造 2025，更偏重政府产业政策的指导方向，也就是产业升级的指导方针（Guideline）。

实现工业 4.0 要分四个境界，这四个境界既有一定的先后顺序，又有一定的重叠关系：

一是精益工厂，先要调整生产方法，提高整个工厂里人的管理水平和生产效率，这是工业工程师的工作。

二是透明工厂，用各种 IT 系统把调整好的生产管理方法固化在软件里，这是 IT 工程师的工作。

三是自动化工厂，在经济条件约束下，用各种机器设备自动化取代人力，这是自动化工程师的工作。

四就是数字化工厂，基于同一个底层的数据库，把所有的人、IT 系统和自动化系统连通在一起，为现实工厂在虚拟世界里设立一个"数字化双胞胎"，这就是西门子、施耐德这些跨国企业巨头在干的事。

下面的问题就是，数字化工厂怎么设立呢？

这就跟问"互联网转型怎么转"一样，你讨论 20 年也不会有结果，因为缺了一个行业的维度。

这世上没有什么病都能治的仙丹，数字化工厂最重要的是辨证施治，行业不同，方案自然也就不同。

工业分为 39 个大类、191 个中类、525 个小类，中国所有类目都有，是产业链最全的国家，没有之一。

所以要是挨个行业说，兔哥可以录一个访谈节目了，一年也说不完，所以咱们只按照大块来归类。

工业其实就分为两个大块：一个是离散行业，另一个是流程行业。

汽车、飞机、机床……这种先做出一个个零部件，然后再组装到一起的生产过程就是离散行业。

石油、化工、钢铁……这类把原材料混合、分离、粉碎、加热，再以批量或者连续的方式进行生产的，就是流程行业。

再简单点说，离散行业大多是物理组装，流程行业大多是化学加工。所以我们也就按这两个大行业的划分来说说数字化工厂。

离散行业

兔哥参观的成都西门子数字化工厂是生产 PLC（可编程序控制器）的。不懂 PLC 是什么也没关系，可以理解为是一种电子产品，属于一个典型的离散行业。

下面是一道思考题：三个人分开画一个鸡蛋，各画三分之一，如何保证三张图能完美地拼在一起呢？

有点难吧？那如果是三万个人呢？三百万个人呢？

离散行业最大的特点就是，它真的很离散……

像飞机、汽车这样复杂的产品，需要有几十万、甚至上百万个零部件，不但整机要经过产品设计、生产规划、制造工程、生产执行和售后服务这几个阶段，每一个零部件也要经历这个过程。任何一个阶段出了问题，最后的产品都可能组装不起来，所以这个研发周期很长。而且，一旦生产线运行起来了，想换型号是很难的。

我们常说做一家工业企业远比做一家互联网企业难得多，就是因为工业的协作体系太大、产业链太长，即使企业内部有一些管理系统，也就像是一地的鸡蛋碎片，想把这个图拼好实在是不容易。

数字化工厂的解决方案其实很简单：不管是三个人还是三百万人，都在同一张图上一起画。

虽然说得神乎其神，但其实数字化工厂就是提供了一张底板纸和一个底层数据库，然后把原来的一个个系统——研发、生产、制造、服务等都插进去，构成一幅拼图，这也就是所谓工厂的"数字化双胞胎"。

具体怎么做呢？

我们可以想象一个企业，从研发开始，到生产规划、制造工程、生产执行，这是一个完整的生命周期过程。在这个过程中，我们从产品设计开始，研发部门把设计产品的元器件清单、组装图、测试条件等信息放进一个数据库里，第一步就完成了，一个 1.0 版的产品数据模型就做好了。

接下来到了第二步——生产规划部门，如果我们还用刚才那个数据模型，内容就不够了，因为那里只有设计参数而没有生产参数。所以我要继续输入如何把产品生产出来的数据，比如工艺流程、质量标准这些东西，这个数据库自然就扩大了，从而变成了数据模型 2.0。

到了第三个部门——制造工程部门，要对生产机床进行编程，各种自动化组态、程序调试使制造环节的数据进一步扩大，形成数据模型 3.0。在这个过程中，我可能还需要从 ERP 来调用生产订单的信息，从 PLM 那里得到产品设计信息，然后还要从物流系统中得到物料信息，把这些综合在一起和生产线进行互动形成生产，这个环节就是运营管理。

就这样一步一步地从 1.0 到 N.0，这个数据模型会越来越大，在一个数据库中不断扩展开来。以前是各画各的纸，然后根据一个标准拼起来，现在是大家都在同一张纸上画，一笔一笔地添上去，由"接下来……接下来……"变成"一边……一边"。这个数据模型就是虚拟工厂，当虚拟工厂和真实工厂实现了互动和同步，一个数字化工厂就形成了。

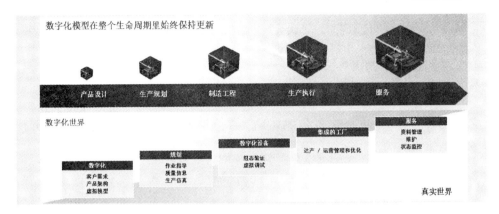

（数字化双胞胎，图片来自西门子公司）

具体到一个数字化工厂的形态，其实没有什么黑科技，就是生产控制的自动化系统、制造执行的 MES 系统、财务管理的 ERP 系统和产品生命周期管理的 PLM 系统，基于同一个底层的数据模型根据需要缺哪个补哪个，仅此而已。

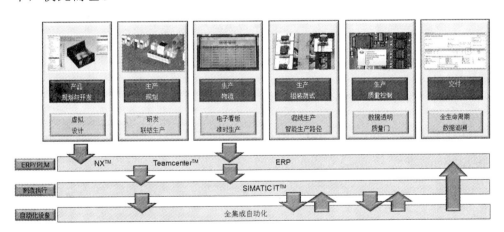

（离散工业数字化工厂，图片来自西门子公司）

那它的好处在哪里呢？

举个例子来说，我们要造一部手机，这就是一个典型的离散制造。

在传统的手机制造业里，我们怎么做手机外壳呢？

第一步是对外壳进行设计，设计完之后要做出一个真实的模具来，然后再对模具注塑，注塑完了以后才能生产出塑料外壳。

那么数字化工厂要怎么做？

外壳设计完了以后直接生成 CNC 数控机床程序，CNC 程序直接灌注到加工机床中，加工机床直接会做出来外壳。这样一来就节省了步骤、提高了灵活性、缩短了产品上市时间、保证了产品质量，这就是数字化生产方式的好处。

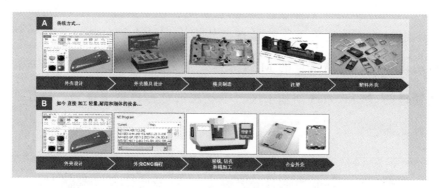

（数字化生产方式与传统生产方式的对比，图片来自西门子公司）

流程行业

对于数字化工厂这个领域，离散行业要更成熟一些，流程行业基本还在探索当中。

离散工业主要以组装和物理加工为主，它的生产过程需要控制的更多是时间、位置这些参数。而流程工业通常是一个连续的化学变化，需要控制的主要是温度、压力、流量、液位等，它的数字化底层逻辑和离散行业其实大同小异，只是说筹建对象不一样，用的工具当然也有一点区别。

西门子公司在流程工业的数字化方案主要是两点：一体化工程和一体化运维。

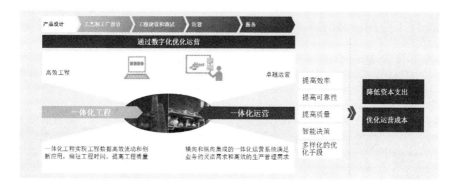

（一体化工程和一体化运维，图片来自西门子公司）

流程行业是连续制造，每个环节之间都相互影响并啮合在一起，所以一旦建厂完成之后，通常不会改变生产的主产品，最多就是换换配方。所以在流程工业里，数字化工厂的实施对象主要还是新建工厂，而老厂的改造则相对要困难一些，经济效益也不明显。

在流程工业的建厂过程中，往往需要更多的一些配合，尤其是企业和企业之间的配合。比如新建一个煤化工厂，有一个业主，一个设计院，一个 EPC（总包商），这三方需要在一起协同工作，以前通常是各自用各自的系统，相互之间通过签技术协议来保证数据的一致。但是一旦出现数据改动，就要反复地重新签署技术协议。兔哥在负责钢铁行业时，最头疼的就是业主修改了某一个设备参数，这样我们其他人就要再谈判好几轮，签厚厚一摞技术协议，这个工作量是非常大的。

西门子所谓的"一体化工程"就是提供一个软件的平台——"COMOS"，让业主、设计方和总包商都可以在同一个平台上进行设计、调试和随时调整，这样就大大减少了因各种文档管理不当所带来的错误和风险。跟离散工业更注重工厂内部的纵向集成和围绕一个产品生命周期端到端的集成相

比，流程工业的一体化工程更关注企业间的横向集成。所以流程工业的数字化就不仅仅是一个工厂车间的数字化双胞胎了，而是一个协作体系的数字化双胞胎。

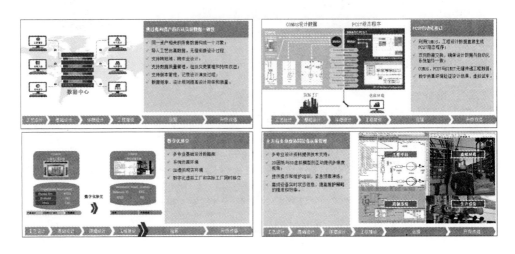

（一体化工程详解，图片来自西门子公司）

接下来就是一体化运维。

COMOS 软件还可以把设计数据直接导入到未来运行的大脑 DCS 中间去，以减少 DCS 中的编程工作量。在 DCS 安装完成之后，这个数据又可以直接交给运营管理方，在运营过程中间如果出现任何问题，就可以很快地返回到设计部门，找到问题的原因，提高运行维护的效率。

此外，还可以根据设计数据直接通过仿真软件做出一个虚拟工厂，在虚拟环境里进行设备调试和试车，甚至可以通过"虚拟现实头盔"走进工厂进行巡检维护。当虚拟调试很顺利时，我们就可以把整个设计方案交给业主了。现在我们交给业主的不再是一大摞图纸，而是数据化的交付，用户在上面可以直接构建运行维护系统。工程设计和运营维护原

来是完全不相干的两个系统，而现在通过数据化交互这一桥梁把它联系在一起了，这就是一体化运维。

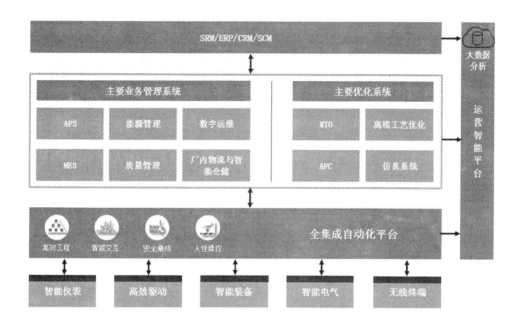

（一体化运维详解，图片来自西门子公司）

从图中的过程就能看出来，流程工业数字化工厂的关键是设计院在做设计时就采用数字化软件，这样后面的虚拟工厂仿真、系统运行维护才能得以实现。它不同于离散行业那样可以像拼图般修修补补，所以必须在工程的初始阶段就采用数字化的底层，否则后面的逻辑就都无法实现。

也正因为这个，所以流程工业的数字化工厂发展是比较慢的。原因很简单，中国的设计院普遍认为设计方案是自己的核心技术，怎么能随便交给客户呢？这就是一个文化的问题了，非一两日能够解决。

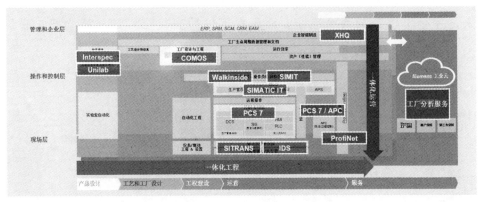

（流程行业数字化工厂，图片来自西门子公司）

总结

数字化工厂其实不是什么黑科技，无论专家们怎么说，其实它所有的技术都是现成的。即使是像西门子这样的巨头，也只是把这些现有技术重新组合到一起而已，只是这种组合是面向未来的无缝集成。兔哥也注意到，西门子的成都工厂是复制西门子在德国的安贝格工厂而来的，它是一个全新的工厂，没有历史包袱，而且全部生产方法都来自于企业100多年的积淀。所以，对于国内大多数历史包袱很重、生产方法落后、制造文化保守的制造企业来说，上数字化工厂项目时一定要结合自身情况循序渐进，综合考虑成本、投资回收期、投资回报率这些问题。

数字化其实没有能不能做的问题，只有值不值得做的问题。

值得留恋的时代

兔哥总觉得，这个时代越来越有意思，乐视网开始造汽车了，西门子开始卖软件了，施耐德开始做咨询了；互联网和制造业的边界开始模糊，硬件商和知识服务商的边界也开始模糊，投资人和工业家的边界也开始模糊。一

切商业模式都围绕着客户价值被重塑，你不融合别人，就要被人融合。

工业 3.0 到 3.5 是一条艰难的取经之路，但最让人感到兴奋的是，当工厂的"数字化双胞胎"实现之后，虚拟工程的大门就会开始半遮半掩，我们会突然发现很多以前没想过、没做过的事情好像变得可想、可做了。如同当年互联网诞生的时候，谁也没想到有一天我们会用它来叫出租车，但是它在今天就实实在在地成了你生活的一部分。所以兔哥今天有时会想，若干年后，当我老去的时候，我可能仍然会时时想起这个英雄辈出的数字化江湖和这个风起云涌的激荡年代吧！

这是值得留恋的时代，因为它是属于我们的时代。

　　我们说，一个人随着年龄的增长，学习能力会下降，其实不是因为我们年纪大了就记不住新知识了，而是阅历深了就难以忘记旧知识。所以在前面系统地讲了工业社会的来历、四次工业革命的发展脉络、如今世界各国对未来制造的策略、"工业 4.0"六重天和"工业互联网"三境界的发展，以及"工业 4.0"的实施案例之后。我们再把已经形成的知识体系打散，聊一些对于过去和未来的散碎思考，从制造业的文化变革、工匠精神的树立和未来工业的趋势这几个孤立的思考点上，来搜寻未来世界的蛛丝马迹。不要用过去的思路看明天，我讲的也可能都是错的。

第六章

东施效颦是小技，继往开来成大道

第一节
引古证今——中国制造文艺复兴

> "我觉得整个人类历史的展开，就是科学和艺术
> 以平行线的方式交替解释人与自然。"
>
> ——知名音乐人　高晓松

"工业 4.0"——第四次工业革命，将从哪里开始呢？

回顾开头两章讲的一大段历史，三次工业革命之前居然都出现了文艺复兴，这是巧合吗？

我来给出前面卖的那个关子的答案，一起来看另一个隐藏在历史洪流中的秘密。

我们画一个坐标轴，横轴是生产力，或者叫科学技术；纵轴是生产关系，或者叫文化艺术。我们会发现，几千年来，生产力和生产关系一直有一个自平衡的趋势。每当生产力落后于生产关系，就会出现产业革命或技术演进；而当这个革命导致生产关系落后于生产力，又会出现文化大繁荣——文艺复兴。这两个元素是相互追赶、相互影响的，而每次当它们达到短暂的平衡态的时候，就是社会整体最繁荣、最幸福的时候。

所以你会看到在每一次生产力革命发生前，都有一次临近的文化大繁荣。农业 1.0 发生之前，图腾文化繁荣；农业 2.0 发生之前，神话时代兴起；农业 3.0 发生之前，英雄时代开始；而在后面生产力停滞的千年里，宗教文化在全世界发展起来，直至工业时代的到来。而每一次工业革命前，也会有一次与

之匹配的文化提前兴盛起来，工业 1.0 之前，是文艺复兴；工业 2.0 之前，是第二次文艺复兴；工业 3.0 之前，是美国的"文化黄金时代"和"嬉皮士文化"兴起。

我们离远一点，纵观整个人类社会的发展历程，当文化繁荣、艺术飞速发展时，通常都是科学停滞的时候，而此时文化往往会超过科技的发展，引发科技的突破。而每当科技飞速发展起来时，人们都忙着抓住机会赚钱，没有时间思考，精神就会停滞，知识分子在这个时代就会孤独，就会怀才不遇；而下一次科技停滞不前，人们又会开始思考未来的方向，文化就会繁荣，一大批灿若星河的大师就会再次出现。

历史的真相告诉我们，生产关系与生产力类似两颗互相围绕的双星，交替拉动这个社会前进。

为什么我们的智能制造总是感觉步履维艰，而不像互联网行业那么顺利呢？因为我们实现"智能制造"的真正障碍，实现互联互通的真正障碍，从来都不是技术障碍，而是人的障碍，说到底就是文化障碍。

互联网行业之所以在中国得以大发展，除了市场机遇因素外，文化因素也至关重要。作为一名风险工业家，我过去一年见过 512 名创业者，我从中关注到，互联网领域有一种开放的、先进的、讨论式的文化，非常类似于中国春秋战国时代的百家争鸣，没有虚的，没有玄的，没有高来高走的，而且诞生了一大批优秀的科技媒体和理论研究机构。这里汇聚了中国最优秀的年轻人，他们在一起激烈碰撞，产生了非常多的创新火花，并借助资本的力量把这些火花转化为商业实践，在商场上搏杀，并最终由胜利者引领行业。因此才会有所谓"互联网思维""粉丝经济""羊毛出在猪身上"等概念的产生，这些概念虽然未必都是完全正确，但是这些理论的演进和探讨过程，

会极大地促进行业的发展和势能。

反观我们的制造业，一直是一种封建作坊式的、落后的、经验式的、论资排辈的、师傅带徒弟式的封建家长文化。如一件事跟我的行业无关，我就不去了解，也不关心。这种追求"伟光正"（伟大、光明、正确）的做法，其实就一个字——"装"，实质是空洞无物的。

这种思想的根源在于老一代企业家兴起于中国从计划经济向市场经济转型的过程中，很多并不是在市场上真刀真枪地搏杀出来的，普遍依赖于制度的二元化套利和社会关系。所以虽然我们是制造业第一大国，却从来没有出现过"中国制造思维"这样的概念。

我们制造业的企业家们之所以面对"互联网思维"的冲击毫无抵御能力，瞬间被打蒙，然后追着人家屁股后面气喘吁吁地跑，就是因为我们作为世界第一制造大国，却未能形成一个"中国制造思维"的文化体系。

2016年两会时，新华社对我进行了一次专访，希望我谈一下对中国制造业发展的看法。当时兔哥就提出了一个旗帜鲜明的意见："我们当前真正需要的，也许不是一场以'智能制造'为名的政治运动，而是一场全面的制造业文艺复兴。"

那文艺复兴怎么做，我也不知道，但是我提出了新制造的三个主张，也叫"三个新办法"：**新文风、新社群、新思维。**

新文风

这个不用我多说，可以比较一下互联网行业的人写的文章的可读性，你可以从头读到尾；再看一下咱们制造业的人写的文章的可读性，你读两行就想跳两行。有多少人在参加什么厂商开的研讨会时候，是在睡觉的，是在玩手机的？为什么，是因为你讲得不好听，写得不好看，全是

套话，没营养。我今年出去参加一个联合国千年计划署举办的世界青年论坛，某位中国制造业大佬在上面讲得眉飞色舞，内容就是年轻人要好好努力啊……之类的废话。我回头一看下面那些20多岁的年轻人，没有一个在听的。我出去在会议室门口，有几个人在那聊天，说里面那个老头说的全是废话。

你不觉得害怕吗？你跟你未来十年的客户，已经没有共同语言了。

当然，制造业需要严谨。你的样本手册不能出现错误，要用准确的术语，这没问题。但难道互联网技术就不严谨吗？人家就是把技术的归技术，市场的归市场，文风完全分开。你的文风门槛越低，看懂的人越多，关注的人越多，参与的越多，行业势能就越大。你们可以看到互联网行业是新词汇最多的，"亲""酱紫""木有""颜值""不明觉厉"。这些海量新词汇的背后是什么呢？你可不要小看词汇量这件事，词汇量越大就意味着使用这种语言的人能够有更多的工具去辨析一个概念，在对方混淆概念的一瞬间就能够抓住概念的错误，就意味着使用这个语言的人更能够独立思考。

我们其实都有这样一个感觉，如果一个单位、一个系统极其的封闭、蛮横，是由权力做主的，那么这个单位所使用的词汇就是非常干瘪的没有味道的词，翻来覆去就是那些话。而在互联网上，每天都会诞生大量的新词。大家觉得：哎呀！我们这么美好的汉语就被互联网毁了。你错了，这意味着思考能力的上升，众多概念的发明就意味着思维层级的突破。

新社群

以往的制造业社群是什么？好听一点叫"企业家高端俱乐部"。那这些人在干什么呢？搞个酒会，明明是开矿的，非要品品红酒装高雅，没事坐一起聊聊闲天，搞搞资源对接。可是你仔细想想，你对接出什么了？有多

少微信群你是从来都不看的？有多少俱乐部是你交完会费就没去过的？反正我是有很多。有时你只是怕失去一个机会，但是这机会其实本来就不是你的。

咱们的行业论坛讲的都是你已经知道的事，我们制造业只研究自己行业的东西，从来不关心别人在干什么，说来说去都是废话。你行业内的叫常识，你行业外的叫见识。我每天无论多忙，都会抽时间听罗振宇的 60 秒语音，我不管他说得对不对，但营养我都能吸取。而我每月无论多忙，一定抽出两天跟"95 后"的年轻人吃饭，听他们的想法，了解他们在干什么、在玩什么。他们说一部网剧好，我就会去抽时间看一点。这是我跟年轻人的社交货币，也是我的见识。

竞争，你要靠常识；但是颠覆，你只能靠见识。社群不应该是一个只带给你常识的地方，应该是一个带给你见识的地方。比如"工业 4.0"读书会、智汇工业、蜂迷世界等，这些新社群带给你的不仅仅是什么资源对接，而是通过一起读不同领域的书来增加你的见识。我觉得 30 年后再看这里，一定跟我们看"五四运动"时的《新青年》一样，会是制造业文艺复兴的启蒙阵地。

新思维

一个企业的竞争力，不仅在于它能卖出产品，更在于它的高管能不断地输出对行业有贡献的新理念和新思维。腾讯的"互联网+"、阿里的"C2B"和"DT 时代"、乐视网的"垂直整合生态"、西门子的"工业 4.0"，GE 的"工业互联网"，这都是一个企业的核心竞争力。我们的制造业全球第一，却从来没有大佬提出"中国制造思维"。

比如深圳的华强北有 4 万多家山寨手机企业，那这些企业都是竞争关系吗？可能恰恰相反，整个华强北就是一个巨大的手机企业。其中有个公

司叫联发科,专门生产手机芯片,另有几千家手机方案公司。联发科就是这个巨大的手机虚拟企业的研发部,还有 2000 家山寨机的手机方案公司就相当于这个大虚拟企业的应用工程部,而上万家代工企业就相当于是生产部门,最后还有几万家营销部门,所以整个华强北就是一个巨大的手机企业,每年创造产值 4000 亿人民币。各企业相互之间其实是一个内部整合关系,而不是纯粹的市场竞争关系,内部形成了一个庞大的产业链和生态,中国人用山寨的方式进行了人类工业历史上最伟大的一次创新,把人类永远解决不了的规模化和定制化的问题已经解决了。而且我们根本没有用什么"工业 4.0"。但这个伟大创新的背后是对企业实质进行了改变,实际上,每一个山寨企业活得都很艰难,但是整个华强北产业集群极具活力。这就是中国制造的闪光点。类似这种东西,就是中国制造思维。在我们追逐互联网思维的同时,美国的很多研究机构去年已经立项在研究中国的山寨思维了。这样的闪光点在我们传统制造业里非常多,但我们的企业家是往往成功了,却不知道自己是怎么成功的。

再比如,我是做投资的,可是我有跟你们讲我基金有多少钱、投资哪个领域的项目、投后服务怎么做吗?没有。因为什么呢?因为我只是一家很普通的投资公司嘛。我讲这些,跟红杉资本怎么比呢?那我在讲什么呢?中国制造文艺复兴,中国制造思维,以后只要你们提到看到这个词,跟你提到工业互联网想到 GE 一样,就是在给我交定位税,这就是我的目的,也是制造业新思维的实践方法。

最后我想说的是,我们都有感觉,现在这个社会变化太快,不管是消费、金融还是生活方式都在快速变化,而工业也要进入这个行列了。这个变化导致很多老一代企业家都看不清楚了,都被新事物打蒙了,反倒是身

在其中做具体事务的年轻人成长很快，正所谓春江水暖鸭先知。所以我现在一直在努力，努力聚集制造业的年轻人。我生意上的合作伙伴，说出来不怕大家笑话，包括的年龄有 21 岁、20 岁、19 岁，最小的甚至才 17 岁，我努力地找寻智慧且灵敏的年轻人，把他们的语言翻译给老一辈去理解，然后把老一辈的经验提炼成精华去传承，在这种合作中来发挥我作为 80 后的价值。所以我从来都没有什么原创的深邃思想，我也不是什么文人，我就是一个知识的搬运工、一个商人。我只是在经商之余，把我读到的外面的新思想，分享给那些还处在封闭系统中的制造业同仁们。

第二节
拨云见日——工匠精神还是工匠制度

"弘扬工匠精神，勇攀质量高峰……让
追求卓越、崇尚质量成为全社会、
全民族的价值导向和时代精神……"

——李克强总理

兔哥最喜欢赶时髦，所以这一节打算聊一个最近因为上了李克强总理所做的政府工作报告而变得很时髦的词——"工匠精神"。

咱们先看看这个词是什么意思。工匠精神，是指工匠对自己的产品精雕细刻、精益求精的精神理念。

具体来说，就是工匠们不断雕琢自己的产品，不断改善自己的工艺，享受着产品在双手中升华的过程。工匠们对细节有很高的要求，

追求完美和极致，对精品有着执着的坚持和追求。把品质从 99%提高到 99.99%，其利虽微，却长久造福于世。

好了，说完了，这东西就这么简单。

不像工业 4.0 那么复杂，也不像大数据那么云里雾里。而这么简单的概念之所以在中国会这么火，原因更简单，连总理都不得不承认：咱们没这个东西。

关于为什么德国人和日本人有工匠精神，而我们中国人却没有，各路学者众说纷纭，最后其实就一个结论：日耳曼人严谨。

这看起来好像说得通，但是兔哥仔细研究了一下历史，发现有点问题：东德也是日耳曼人啊！东德经济崩溃的最重要原因就是产品质量差，失去了社会主义阵营的市场后，又经受不住西方的竞争。难道这日耳曼人的工匠精神还是按村东头、村西头分的吗？

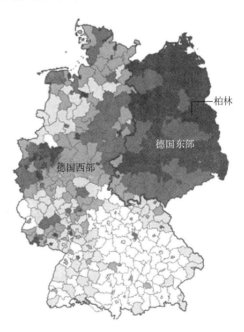

失业率

数据时间：2013 年

高　　　　　低

德国东西部的失业率比较

所以我觉得这事逻辑上不通。你要说是什么神奇的高新技术，咱们研发不出来也就算了。可是"工匠精神"，就这么一句话的事，咱们怎么就能做不到呢？

其实在过去的 30 年里，我们并不是做不到，而是不能这么做。

因为我们面临着两个非常独特的现实状况：

第一个，中国跑得实在太快了。

我的老师说他年轻的时候，一个同学家从德国弄到了一台冰箱。他去做客，对着那个冰箱愣了半个小时，心想这辈子要是能有一台冰箱，就此生无憾了。而今天，如果你再因为自己家里有台冰箱就去炫耀，恐怕我们不屑于搭理你了。

这是过去的这 30 多年来，中国急速奔跑的一个缩影。短短 30 年中，我们有 106 家企业从零开始，并挤进了世界 500 强；我们从供应短缺到产能过剩，我们眼看着自己从吃糠咽菜到健身减肥，这个速度和规模，令人难以想象。

对于这样一个飞奔的巨人，精益求精、一丝不苟都没什么时间做到吧？就像博尔特跑出 9 秒 58 的世界纪录的同时，你还想让他保持优雅的姿势，再认真欣赏下沿途的风景？这是不可能的。

所以我们虽然没有形成工匠精神，但在我们的中国制造思维里，却把另一样东西做到了极致，那就是"速度为王"。

我 2010 年时参观了北京的一家机械公司，这家公司的总经理跟我说，他们原本是给意大利品牌代工的，2008 年金融危机，客户资金紧张，于是他们就顺势推出了自己的品牌，品质略低，但是价格只有意大利品牌的三分之一。短短一年时间，他们就把这家意大利公司在中国市场的阵线全线

冲垮了；而到了 2009 年，这家意大利公司撤销了在中国的办事处。而他们继续去海外攻城略地，把这家意大利公司又从印度市场上驱逐了出去。

一个领跑者，精耕细作是维持优势的必备因素；但是作为一个追赶者，往往要先忽略其他细节因素，先通过急速扩张占领市场。这个时候，在你前面的领跑者因为组织规模过大，而市场份额急速缩小，造成头重脚轻，就很可能被你淘汰掉。

"速度为王"，这是中国作为一个后发现代化国家，在世界制造业历史上最伟大的一次实践，这也是"中国制造思维"中的精华。

第二个，中国的机会太多了。

因为这 30 多年的急速奔跑，中国出现了一个非常独特的现象，就是新旧两个时代并存。我们这一代人是注定要被历史铭记的，因为我们每个人的一生都处在新旧时代交换的地平线上，既能看到新时代的朝阳，又能感受旧时代的黄昏。

就如同辛亥革命后，社会上既有长袍马褂留着辫子的老古板，也有西装革履梳着分头的新青年，这两种人分属于两种完全不同的文化，有着两种完全不同的价值观和生活方式，但他们的确生活在同一个时代里。

20 世纪 80 年代，你刚卖两天小商品发了财；90 年代股票就起来了，你刚玩上股票；进入 21 世纪，房地产又暴涨了；你房子还没捂热乎，2010 年互联网又来了。一路下来，电风扇、钢铁、汽车、飞机、计算机、手机、大数据、云计算、工业 4.0、人工智能……

在这样一个 30 年里就从工业 1.0 飞奔入工业 4.0 的大时代里，永远有新的更有价值的社会分工不断出现，而人的协作却跟不上技术的发展，制度漏洞太多，套利机会也太多，所以过去的中国是冒险家的乐园，而不是

工匠的田园。

当社会机会很多的时候，大家自然是追逐新机会，而不可能把时间浪费在一件产出低又可能随时被替代的事情上。如果你看了《古惑仔》后热血沸腾，非要跟自己较劲，十年磨一把绝世好刀，宝刀出鞘准备纵横江湖时，发现大家早跑到乐视网看《太子妃升职记》去了，卖萌成了社会主流，谁还跟你舞刀弄剑啊。

这就是过去的中国，当更好的新机会不断出现的时候，你若固执地守在自己那个世界里精益求精，这就不是精神，这是愚蠢。

因为这两个原因的叠加，工匠精神是不适用于过去三十年的中国的。

至于很多人说的：因为我们处于产业链的低端，利润低，所以不能把质量做好。我完全不能苟同。

价格绝不是理由。

中国制造业里没有的工匠精神，在互联网行业中却非常普遍。中国的互联网产品经理对于产品的极致追求已经到了令人发指的地步，每一个键、每一个位置都要经过十几版甚至几十版的迭代，甚至连美国互联网界都不得不承认中国互联网产品的用户体验并不逊于他们。

但是你注意，这些互联网产品可都是免费的！所以精益求精这件事本身，跟价格和利润并没有正相关的关系，而是由竞争的标准决定的。在开放的互联网行业里，用户随时投票，你体验不好就没人用。而在封闭的制造业里，你体验好不好根本不重要。

产业链的位置更不是理由。

我曾经看到一份报道，采访一个代工生产童车的老板。

记者问："为什么你贴别人的牌子，价格又不便宜，你还能有这么大的

销量呢？"

老板说："他们要的东西，只有我有啊。"

记者问："为什么连沃尔玛也让你说了算？一块蛋糕，由你主刀来切？"

老板说："他们的问题，只有我有能力解决啊。"

记者问："为什么只有你能解决？"

老板说："因为我关注消费者需求啊，因为我努力理解消费者啊。"

"比如那张床，我知道消费者舍不得扔掉孩子才睡了一年的婴儿床，希望能用得更久；比如那个摇马，我知道消费者不愿意婴儿车推出去是个物件、搁家里是个累赘；比如那个变形金刚般的童车，我知道消费者有时候怀里抱着宝宝，只腾得出一只手。"

明白了吗？微笑曲线从来都是个伪命题，代工贴牌并不是天生就比品牌科技低级，真正低级的是你代工时不动脑子。在价值链条上，"设计""品牌"和"科技"可以称王，"制造""集成"甚至"物流"未必就不能称霸。真正能够占据价值链主导权的，一定是那个最终能为整个价值链创造增值的环节，和你价值链上的位置从来就没有关系。王侯将相，宁有种乎？

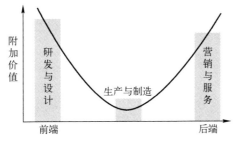

所以工匠精神这个东西，是有背景的，在不同的时期你的需要也不同。比如说在企业早期的时候，你要快速地了解用户、了解市场。这时候，你如果不了解你的方向，你拼命地去弄工匠精神，可能铁杵磨成针，然后却

发现这个针根本没人用。而当企业规模大到一定程度的时候，如果你继续疯狂生长，缺乏工匠精神，可能最后就变成了快就是慢、慢就是快了。

中国现在的规模是足够大了，发展速度也降下来了，是时候开始追求工匠精神了。

但是你会发现，这个事挺难的，因为我们许多企业始终是一个对上负责的组织结构。

一个小姑娘，早上出门前可能用一个小时的时间化妆，精雕细刻，但到了公司处理工作时却会敷衍了事。同样一个人，有时有工匠精神，有时就没有，因为脸是她自己的，而工作是老板的。

"工匠精神"为什么不叫"工人精神"？因为工匠是独立人格，对自己的产品负责，同时享受精益求精的成果，所以他重视细节；而工人是对领导负责，他只关心领导关心的事。而领导恰恰是最不可能关心细节的人，职位使然，管的人和事太多，他必须更关心方向。你只对领导负责，不关心实际，只揣测圣意，必然会浮躁、短视、投机，这是制度使然，无关人品。

千年前，我们的人才选拔制度叫"举孝廉"，可是"孝廉"这东西不好判断，所以最终的结果就是：谁家总是当官的，谁就孝廉。所以有那个四世三公的袁绍，这就变成了世袭。

"工匠精神"的道理是一样的，它之所以没办法实现，只因为它是"德"，而不是"才"。"德"这个东西，只能主观理解，却不能客观判断，你以"德"为标准，而不是以"才"为标准，那最终的结果一定是偏颇的。

仅靠道德感化和形象宣传，就无异于"在宇宙中心呼唤爱" ——形式大于实际。而在德国和日本这种工匠国家，我们与其说他们有工匠精神，倒不如说是有一种工匠习惯。这个习惯，是由一整套高品质、

高标准的工匠制度和对违规者的严厉惩罚构成的。这就是为什么当年仅一墙之隔，西德就以高品质闻名于世，而东德却乏善可陈。以主观的"德"为社会标准，立法不严，选择性执法，建立不起工匠制度，就没有工匠习惯，更不可能有工匠精神。

今天我们真正要学的是工匠制度，是用制度养成制造业的工匠习惯，再把工匠习惯升华为工匠精神。

制度——习惯——精神，这是中国制造文艺复兴的必经之路。

这个过程，不能靠儒家，必须要靠法家。

别以工匠精神的浪漫，掩盖工匠制度的缺失。

第三节
未来已来——未来工业十大趋势

> "未来 20 年最伟大的产品尚未问世，因为我们正处在变革的第一天，所以你们都还为时未晚."
>
> ——未来学家 凯文·凯利

我们正在经历人类历史上非常重要一次的变革，它也许不是最重大的，但一定是迄今为止行进最快的。自工业革命开始，社会发展的加速度就一直在急速地提升。过去我们是几代人经历一次变革，今天我们一代人就可能要承受几次变革的洗礼。

这一次变革的发生，我们称为"第四次工业革命"。而对于变革的方向，当前的工业圈都用"两化融合""大规模定制化""机器人""云计算""信

息物理系统"等名词来描述。

不过兔哥觉得，这些其实都不是未来的趋势，而是顺应趋势的手段。

区别在于，如果我们把它们看作是趋势本身，那么它们就是"唯一的"，我们就只能沿着这些路径向前走，思考"如何实现这些技术并演进到极致"。而这些技术的理论框架大多是十年甚至二十年就已经形成，用过去的思维揣测明天，那它们到底是起到指导作用还是限制作用，我是存疑的。

而如果我们只把技术看成是顺应趋势的手段，那么它们就只会是"手段之一"，我们就可以换一个研究角度，去直接搜索未来的趋势本身，我们的思考方式就变成了"在这些趋势的实现过程中，是否会有其他的手段可以达到同样的目标？"

从第一次工业革命的蒸汽化，第二次工业革命的电气化，到第三次工业革命的太极生两仪——分化为自动化和信息化两个分支，再到今天自动化和信息化重新媾和，诞生数字化。历史的发展脉络呈现出了一些底层规律，这些规律构成了未来工业社会 10 个非常重要的趋势，它们将重塑现代商业社会的所有结构，影响到我们生活的每一个方面。

第一个趋势：虚化

我们如果把工业史与 IT 史并行而看，你会发现最近半个世纪里工业的突破几乎全部来自在计算机科学上的突破：如果没有半导体即芯片技术的发展，PLC（可编程逻辑控制器）就不会出现；如果没有软件技术的发展，数控程序也就不会出现；如果没有信息处理和存储技术，也就不会有信息物理系统的出现。

所以物理世界的不断虚化，是数千年来人类技术发展最大的趋势。

从发明数学，把现实世界抽象为数字的那一天起，人类就已经启动了

世界虚化的过程；而计算机科学的出现，正是从事实上急剧加速了这个进程。今天，所有一切物理世界的存在已经都在逐步虚化成一连串的数字符号。计算机是虚化世界的基础，0、1代码是虚化的标准，传感器是虚化的入口，数据存储是虚化世界的载体。

人机交互技术的发展逐步完成了人的虚化，而智能产品的发展，正在悄然在开启物的虚化。这个虚化的趋势催生了众多的技术手段，也带来了令人惊叹的商业机会。今天，信息物理系统（CPS）、智能产品都成为全世界工业的热点，这意味着虚化趋势的加速度在未来20年中将会达到顶峰，所有顺应虚化的技术和产品都将随着趋势急速前进。

第二个趋势：流动

世界被虚化后形成的信息在最初只是一个个静止的单点，它必须要流动起来才能成为一个有生命的新世界。所以整个虚拟世界就出现了一个明显的流动趋势，而我们熟悉的"连接"就是实现这个流动趋势的技术手段之一。

这个流动趋势，要分两个阶段：

第一个阶段是"自由流动"。互联网完成人在虚拟世界中的自由流动，物联网完成物在虚拟世界中的自由流动。而这些流动的基础，是通信标准的制定，以及数据传输技术的发展。

第二个阶段是"自动流动"。在"自由流动"的阶段，虚拟世界还需要较多人的干预；而在"自动流动"阶段，所有的信息和数据将根据系统最优化的需要，自动流向需要的地方。大数据技术、信息物理系统都是实现数据自动流动的手段之一。

数据流动的目标是为了实现资源的重配，这个过程将每一个虚化后的

信息自由或自动地匹配到需要它的位置，再将供给和需求完美匹配，从而在不改变物理世界的情况下做出最优化的虚拟方案，这个过程就是仿真。

信息化时代的本质是数据的"自由流动"，而数字化时代的本质是信息的"自动流动"。所谓"多品种、小批量、大规模定制化生产"，都要依靠数据的有效流动来完成，未来所有能够促进数据流动自动化的技术都会成为工业的发展方向。

第三个趋势：凝实

虚拟世界的资源重配后，必须要再次凝实，才能够完成对物理世界的影响。在不断地虚化、流动，然后再凝实的过程中，整个物理世界的系统被不断地优化。将虚拟世界再次凝实，这个过程就是未来工业的第三个趋势。

把虚拟世界直接凝实为人类的感知的技术，就是 VR（虚拟现实）/AR（增强现实）。VR（虚拟现实）是利用计算机模拟产生一个三维空间的虚拟世界，提供使用者关于视觉、听觉、触觉等感官的模拟，让使用者如同身临其境一般，可以及时、无限制地观察三度空间内的事物。而 AR（增强现实）是通过计算机技术，将虚拟的信息应用到真实世界，真实的环境和虚拟的物体实时地叠加到了同一个画面或空间中同时存在。你能在一个空间里面见到虚拟的物品，甚至能见到一个虚拟的人，这些东西都能在你眼前切切实实地见到。在未来二十年里，VR 和 AR 可能会伴随凝实趋势迅速发展，也可能会被新的凝实技术所取代。

我们经常会混淆互联网和互联网公司的概念，"互联网"（光缆、无线、路由）完成的是连接功能，它们是流动的基础设施；而绝大多数的"互联网公司"，都是在另外两个趋势上发挥主要作用——它们既是虚化的入口，也是凝实的出口。这个虚实的过程都是以"人"为主，而不是"物"。

近 15 年来互联网行业的急速发展，就是得益于对这两大趋势的顺应。

另一方面，把虚拟世界在"物"一侧的凝实，对于未来工业的影响要更重大一些，因为它会把所有现实世界的盈余都调动起来，完成系统的最优化。智能生产、智能物流、智能供应链、云工厂，这些目前都是优化后的虚拟世界凝实的客观结果。

跟虚化和流动比起来，凝实技术的发展相对滞后，而第四次工业革命的关键和难点，也就在于虚拟世界的凝实。这个过程实现的方式也许会有很多种，从今天来看，未来工业的凝实主要还是通过信息物理技术完成，但我们也可以有更多的想象空间，比如是否可以通过打破组织的边界来实现等。

凝实技术将是未来 20 年工业发展的最大一个机会。

第四个趋势：共识

人和人在生产活动中，需要不断地达成共识，才能有效地协作。这个共识在理论上只需要双方都认可就可以实现，比如两个人进行一次交易，只需要在各自的账本上增减金额就可以完成。但由于双方缺乏信任，因此通常需要一个中间人来做仲裁，同时还要付出一定的成本去供养这个中间人，例如银行、法院、政府等，都是这个共识的中间人。除了人与人之间，机器与机器之间达成共识就更困难，需要一个运算能力很强的中心化节点来完成仲裁判断，这个成本也非常高昂。

不断地降低达成共识的成本，这就是工业发展的第四个趋势。

在工业的信息化里面，我们最初都是给一部分人开超级权限，在本地放置一个中央服务器，通过这些中心化的方式来实现共识。后来云计算技术出现，通过共识的不断云化（Iaas，Pass，Sass），我们可以将本地的共

识达成放到云端进行，这样就可以大大降低共识的成本，但这仍然是中心化的方式。而目前，区块链技术可能将大幅推动共识成本的降低，在区块链技术的体系化过程中，通过密码学保证了双方不再需要中心化的裁判，也能保证共识达成，这就将共识的成本大幅降低了。比特币就是区块链 1.0 技术的一次实验，而区块链 2.0 的智能合约、智能货币可能会极大地促进工业的发展，这是未来顺应趋势的重要手段。

第五个趋势：溶解

由于数据流动的需要，以及共识成本的降低，工业社会的组织也要发生重大的变化，传统的社会组织将不断溶解。

工业组织存在的目标是为了降低交易成本，一个行业的交易成本越高，需要协作的越多，组织机构就越大。钢铁公司的组织比餐馆大很多，就是因为钢铁行业的平均交易成本远高于餐饮业。但是当组织不断扩大，它自身的管理成本高于它降低的协作成本时，组织就将消亡。

在溶解的趋势下，整个工业组织会从层级结构向网络化结构转变，带有中心化节点的科层组织将消失，企业将成为自由人连接协作的平台。它存在的价值不再是为少数人获得利润，而是在于给组织中的个体赋能，"合伙制"企业将消亡，"和弄制"企业将成为主流。

3D 打印将被传统工业社会分离的生产和消费重新统一起来，消费者可以自行生产需要的物品，社会的协作创造会减少，个体创造将会增加，这就导致人的个体价值持续提升，资本利得将不断下降。第二次工业革命以来建立的垄断资本社会将瓦解，农业社会的等级、工业社会的阶级都将消亡。

同时，类似人类从母系社会到父系社会的演变，传统社会的溶解也会导致年长者的经验价值消减，社会对于长者的尊重将持续弱化，传统的道

德观将发生重大改变。"网红"就是解构趋势孕育的新机会，有突出价值的个体（聪明、漂亮、有口才等）无须社会公认的经验和资历，也较少地依赖于他人的协作，并且不使用中心化的传播渠道，也能够完成价值创造，这个趋势在未来将越来越明显。

第六个趋势：进化

进化是未来工业发展的第五个趋势，其中突出的手段就是人工智能。

人类和人类以前的类人生物最大的区别就是，人类有更长的婴儿期和儿童期，这意味着年轻人依赖父母的时间更长，同时长辈给后代传授生活技能的时间也相应更长。从孩子的角度来看，缓慢的成熟意味着塑造过程的延长和学习能力的大大提高。学习能力的增强，使得人类会有意识地保护那些发明和发现。这时，文化演化也开始超越了生物演化的步伐，支配人类行为的，更多是人从社会中学会的知识，而不是个体的DNA遗传机制。当文化演化超过生物演化占据首要地位时，严格意义上的人类历史就发端了。

所以人工智能和普通程序的最大区别就在于，人工智能可以自行进化。普通程序是对人类预设知识的演进和重复，而人工智能是人类知识的集合，使用的人越多，人工智能的智慧就越高。人类最大的特点是后天学习超过先天DNA遗传，而人工智能的本质是让机器后天的学习超过先天的程序预设，从而完成不断进化。

除了人工智能，是否还有其他实现进化的路径，我们不得而知，但可以确定的是，能够完成自进化的工业产品或者工业组织会是未来的方向。

第七个趋势：增值

互联网行业已经呈现出一个明显的趋势，就是连接红利消散，内容红利

即将开始。最近一年左右，网剧的火热以及乐视网的异军突起，其实就是内容红利超过连接红利的必然结果。而内容红利的兴起，意味着未来工业的微笑曲线将被弱化，产业链分工的地位将日趋平等，为整个价值链最终创造增值的环节将掌握话语权。

在互联网时代里，BAT 的本质都是人机交互接口，也是虚实世界转化的通道。人脑的运算能力有限，无法直接面对海量信息，所以需要 BAT 式有品牌效应的中心节点起到过滤大部分干扰信息的作用。人们为 BAT 的信息过滤行为付出的成本，就是连接红利。

但在物联网的进程中，好像一直没有形成类似 BTA 的巨头，即使有一些声音很大的工业云平台，也没有产生实际的商业利益。原因就在于机器与人不同，它的运算能力理论上是无限的，所以机器的信息过滤更加理性。BAT 式的品牌效应无法发生作用，所以物与物的连接可能不会出现连接红利，相反可能会消减连接的价值，而直接进入内容（产品）红利阶段。

在未来工业中，所有人都要思考如何为整个价值链创造增值，只起到连接作用的中间环节（贸易型代理商）将消亡，起到增值作用（服务型分销商）的中间环节将被强化。精益生产、绿色制造、能效管理，这些都是为价值链创造增值的手段，未来工业的所有从业者都将聚焦关于增值的思考和创造。

第八个趋势：割裂

割裂会成为未来工业社会的第八个趋势。

农业社会的内核是异质化的静止，而工业社会是一个依赖永续的经济增长而存在的文明，财富的增长一旦停滞，工业社会就丧失了合法性。永续增长要求不断地创新，不停地催生新的行业，不断地需要新的分工。所

以工业社会的职业分工很多、很细，但是每一个职业存在的时间都很短，一个人一般也不会终身待在同一个位置上，而是必须时刻准备着从一种职业转换到另一种职业。为了适应这种不断的职业变化，我们就必须要有一种大家通用的标准语言，而且所有人对这个语言的理解不需要任何特殊的文化背景和经历。同时，为了保证大家都能够掌握这种语言，我们就必须有一个大一统的世俗组织——近代国家，来进行类似大学这样的通识教育，而不是农业社会中铁匠、木匠之类的职业教育。通识教育与大规模生产方式共同作用的结果，就是"同质化"成为传统工业文明的内核。

因为生产中人与人的协作会越来越多地被物的协作所代替，所以未来工业社会的割裂性感会越来越明显，人们不会再有统一的价值观、统一的思想和统一的偏好，甚至可能不会再有"主流社会"。宝洁、联合利华之类的大众消费品牌近年来不断衰落，越来越多小众品牌的出现，就是这一趋势下的结果。人群之间相互理解越来越困难，不会再有一种产品被所有人喜欢，跨群体品牌的价值将被小众的人格价值所取代。未来的工业企业都必须摆脱"组织"的色彩，更多地去塑造"人格"的魅力，同时不断缩小组织结构，为每一个割裂的群体提供个性产品，才能在割裂的社会中继续生存。

在割裂的进程中，有助于推动割裂的产品也会获得新的商业机会。包括锤子手机在内，近年来涌现出的一批手机品牌，都是割裂趋势下的产物，它把以往小众的人汇聚在一起，通过产品凝结的归属感来减少这些人的孤立感，让他们能够继续坚持自己独特的价值观。

第九个趋势：重构

工业革命是人类历史的一条分界线，在此以前，人类面临的永恒问题是"生产不足"，从此以后，这个问题逐渐转向了"需求不足"。尤其是

在中国，过去不管我们生产什么，几乎都可以很容易地卖出去，而且所有的生产环节几乎都会在同一个工厂里进行。而在仅仅 30 多年以后，工业的自动化和信息化成为现实，工业生产的方式也从传统的作坊生产变成了全球化的分工协作。

这种转变的结果，就是今天我们在全世界各个地方都可以买到几乎所有的商品，这迫使所有的商家都必须给客户一个"在我这里买"的理由。这个独特的理由就是商业模式，它的本质就是资源的重构。

未来，工业不再是基于产品和技术的竞争，而是基于商业模式的竞争，而跨界的本质就是基于商业模式的竞争。乐视的电视与三星电视，如果从产品视角看，就只能无休止地比拼质量、性能这些参数；而基于商业模式的视角，就是"生产—销售型"企业与"内容——生态型"企业两种商业模式的竞争。同样，亚马逊与新华书店之间，也不是产品的竞争，而是"电子商务"与"批发零售"商业模式之间的竞争。苹果与诺基亚，特斯拉与保时捷，工业 4.0 与工业互联网，都是基于商业模式的竞争。对于未来工业，技术和产品是不能带来持久的竞争优势的，所以企业不能再只去管理生产要素，还要学会管理经营策略。仅仅对生产要素（机器、成本、渠道、周转率）进行优化，已经是一个过时的理论了，如今要通过创造新的商业模式来实现价值链的增值。未来工业企业的整个生产体系一定是以商业模式为中心重构起来，而不再是以技术和品牌组织起来。

今天如果你仍然只把思路聚焦在如何落地"智能制造""工业 4.0""互联网转型"这些事情上面，那就是看似抓住了时髦的概念，但其实已经是处在趋势的逆流方向上了。对商业模式的深度思考、梳理之后的重构，是所有未来工业企业每时每刻都必须顺应的趋势。

第十个趋势：未知

物联网、大数据、云计算、信息物理系统、人工智能⋯⋯这些词汇无论听起来有多神气，但其实都只是我们基于过去的技术对未来的臆测而已。而人类根据过去的经验总结出的理论，与新的时代早已无法匹配，但是众多传统的意见领袖和过去的专家们却仍然占据着主流声音的平台不肯放手。我们今天有多少白发苍苍，做了几十年自动化或者信息化的前辈，居然自称是"工业 4.0 专家"，参加论坛、展会，讲得不亦乐乎。可对于"第四次工业革命"这样一个由概念引导的，尚未开启的新时代，怎么可能会有"专家"存在呢？这些"专家"试图把过去的理论包装成未来的方向，并依靠自身的地位获得政府的扶持，这对于真正的创新是严重的阻碍。

我们所有过去引以为傲的经验和理论的框架，在未来都会是牢牢禁锢我们视野的藩篱。而真正的新生事物，我们在最初往往是看不起、看不懂的。所以我始终认为，中国工业升级要避开经验主义的梦魇，就一定要以制造业的文艺复兴为先导。在这个过程中，各级政府最应该做的不是"以规划创新"的名义去插手科学技术商业化的过程，因为这个过程应该通过市场竞争见分晓。商业的创新是不可能被规划出来的，但是基础科学的研究却是可以促进的。政府最应该做的，是扶持类似屠呦呦这类科学家所做的，没有明显短期经济效益的基础科学和理论研究，因为没有思想和理论的活跃，是不可能有创新的火花的。

兔哥最骄傲的事，就是自己意外地成了中国工业圈的第一个"网红"。我们是幸运的一代人，有机会不依靠任何中心化组织的头衔背书，而是依靠互联网对于普通人价值的解放来获得话语权。我想，这在中国的工业历史上还是第一次。随着未来工业十大趋势的逐步演进，越来越多的"网红"

将替代老一代依附于组织的意见领袖，成为拆除思维的围墙，解放人性和创造力的助推器。

所有最优秀的技术还没有发明，所有最美好的生活还没有开始，我们这一代人注定要被历史铭记，因为我们处于新旧两个时代的交替之中，既能看到新时代的曙光，又能感受旧时代的黄昏。至于三十年后、五十年后、一百年后的工业究竟是什么，其实我也看不清楚，不过也许只有这种看不清楚的未来，才会让我们如此兴奋吧！

第四节
明日之星——风险投资人 VS 风险工业家

> 传统 *TMT* 领域的投资方式和逻辑在工业互联网时代将被颠覆，风险工业家就是在这一新规则下诞生的新角色。
>
> ——兔哥

自从成了工业圈的一名"纯网红"，兔哥的邮箱每天都会收到几十份寻求融资的商业计划书。兔哥偶尔也会约见一些创业者，在这个过程中发现了一点问题，就是工业互联网创业者与传统风险投资人之间存在着很大的认知鸿沟，这可能也是导致中国工业领域缺乏现象级创新的一个重要原因。

好项目 VS 好卖的项目

比如很多人特别喜欢跟兔哥说下面这样的话：

"我的项目技术领先，有××项发明专利。"

"我的客户关系非常深厚，有稳定的订单。"

"我的项目的盈利状况特别好，每年都增长超过 30%。"

这个基本逻辑就是：因为我的项目好，所以你应该投资我。

其实对于这类项目，投资人基本看都不会看就直接放到一边了，因为这些人根本就不了解投资人的立场。

风险投资人的本质，不是经营公司的合伙人，而是买卖公司的商人，最关心的不是公司能不能赚钱，而是公司能不能卖上价钱。

举个例子，如果公司是一辆汽车，那么投资人就是 4S 店，进货压库存其实就是一种投资行为。而 4S 店投资买车的目的既不是"享受开车的快感"，也不是"赚取载客的车费"，而是"把车卖出去，并且卖个好价钱"。

明白了这个道理，与投资人沟通的逻辑就变成了：因为我的项目好卖，所以你应该投资我。

如何把项目卖出去

说到好卖，我们就要知道，投资人一般会把项目往哪里卖。

每个代理商都会有自己固定的老客户保证销量，所以一个投资人通常也会有几个自己固定的退出渠道。比如一个代理商（投资人）是做电力行业的，你非推荐他一个食品行业的产品（项目），那东西再好对他来说也是不好卖的，因为他没有现成的渠道，所以自然也就没有兴趣。

投资人卖公司一般有四个渠道：通过协议由创业公司自己回购，通过转让卖给下几轮的投资人，通过并购卖给大公司，通过股票市场卖给"韭菜们"（指股市中资金较少的小股民）。

（1）回购

这就相当于代理商囤完了库存，发现卖不出去；好在之前跟厂商有协议，可以进行一部分退货，但是这个退货价格一般都不会太高，否则厂商也不干。

这里面就有个矛盾：如果好卖，说明公司发展得好，投资人肯定不会低价卖回给创业公司；如果不好卖，说明公司发展得不好，它也就没钱拿来回购了。所以回购退出对于早期天使项目和 VC 创业项目来说，通常只存在于理论中，一般不会实际进行。

不过回购有一种变种，在早期项目投资中偶尔存在，就是对赌。投资人和创业者设定一个期限的业绩目标，比如一年内达成的话目标投资人占10%，达不成的话投资人占 30%。这个其实很好理解，代理商进货时也要跟厂商谈一个目标，销量一万台是一个价格，销售十万台是另一个价格。这个差异化的价格，其实就是对赌。

如果你非常想拿到钱，可以主动提出回购或对赌条款，这样能增强投资人的信心。不过走到这一步再退出对于投资人和创业者来说都是下下策，还是要尽量避免。

（2）接盘

卖给下几轮投资人俗称"接盘"，其实就是一级代理商把东西卖给二级代理商。这样一级代理商的资金就回笼了，利润也赚到了，货就压到二级代理手里了。

怎么能让二级代理愿意买呢？自然是跟厂商一起把产品包装一番，让对方觉得这个东西特别好卖，你要不买我就卖给别人了。然而接盘方也不会全信——好东西你能全卖给我吗？所以通常后一轮的投资人不会允许前一轮的投资人全部退出，最多只能退一小部分。

这种退出方式最关键的因素就是创始人的游说能力。有这么一种人，你明明知道他在胡说八道，但是你听着听着就信了。这样的人其实是最受投资人欢迎的——因为他将来也能把下一轮的接盘人游说进来。

（3）并购

回购和接盘其实都不是非常好的退出方式，并购就比较好，直接高价卖给大公司，一劳永逸。所以你的项目未来是否能融入某一家大公司的生态系统中，成为一条新的产品线，并且能够与过去产品线形成协同，就非常重要。这里面还要注意，大公司，尤其是中国制造业的大公司，往往更倾向于直接挖你的人，而不是花钱并购你，所以你的项目一定要是"挖你比并购你代价更大"的那种，投资人才会有兴趣。事实上，绝大多数项目可能都是通过并购退出的，所以如果你在这方面想得比较清楚，或者有一些渠道和资源，就很容易会跟投资人一拍即合。

（4）上市

上市是一个皆大欢喜的结果，也是绝大多数创业者和投资人追求的终极目标。但是真正能做到上市的创业企业实在是凤毛麟角，而早期投资人通常也不会抱太大的希望，所以"三年上市"这种话用处不大。

如果你想跟投资人证明自己能上市，就需要解释清楚一件事：在你的项目——新的业态崛起的同时，哪个旧业态的利润被急速压缩了？比如滴滴出行的崛起急速压缩了出租车公司的利润，苹果的崛起急速压缩了非智能手机的利润，淘宝的崛起急速压缩了实体店的利润。能够急速压缩一个老的业态，说明这个市场中原本就有大量的交易流动，而你是用一种新的方法来重新分配这个市场的利润结构，只有这类项目才能够支撑起一家上市公司。

资本的力量

人类创造财富的方式有三种：通过技术挖掘纵深获得财富，通过交易延展范围获得财富，通过资本击穿时间获得财富。

资本的本质，就是把未来的财富拿到今天来用。投资人的任务就是要找到一个未来可能被广泛接受的说法，提前布局参与其中。当这种说法广泛流行时，我们就退出来。

理解了这个，你就能明白所有资本追逐的并不是一个赚钱的项目，而是一个有想象力的项目，因为只有想象力可以击穿财富的时间，让项目好卖。

所以资本既不吸血，也不输血，而是换血。它会更换你血液里的基因，而融资与否将决定你是一家赚钱的公司还是一家值钱的公司。

风险工业家 VS 风险投资人

商业模式有两种：一种是"拦路抢劫"，一种是"坐地分赃"。前者是连线思维，追逐连接红利；后者是打点思维，追逐内容红利。

很明显，连接红利比内容红利更具有想象空间和成长速度，一些早期风险投资人进入工业互联网领域时，会不自觉地把这种习惯带进来，试图寻找能够"拦路抢劫"的项目，然而你会发现——根本没有。

如今，风险投资家的基本逻辑都是形成于 TMT（通信技术、新媒体、互联网科技）领域的，到了工业互联网领域，就有点不好使了。

因为 TMT 领域大部分是在消费者市场，是个人的轻决策，比如买衣服、叫外卖、找餐馆，一个人就可以做决定，决策成本低，所以比较感性，以极致体验为决策的第一标准。在这个模式下，连接红利就非常明显——羊毛可以出在猪身上。

而在工业互联网领域，大部分是在组织者市场，是集体的重决策，比如采购一批设备，通常需要一个专家组来论证，决策成本高，所以非常理性，以规避风险为决策的第一标准。在这个模式下，连接红利微乎其微，内容红利权重很大——羊毛必须出在羊身上。

工业互联网的本质也是连接，但是由于它的特殊性，因此连接红利恰恰不出现在搭建基础设施的人身上，也就是说，你可以友情修路，但是却"抢不到钱"。

这就是为什么工业人老觉得互联网人在胡说八道，因为我们面对的市场环境不同，养成的思维逻辑也就完全不同。你是做点，他是连线。在他的市场里，想象力就是财富；在你的市场里，想象力就是做梦而已。

所以，在工业互联网领域需要用做点的方式来连线，这就需要一个全新的角色——风险工业家。

这个角色的扮演者需要是一名投资家+战略家+技术专家。

他需要承担以下几个独特的职责：

（1）判断项目

基于当下而不是未来的判断风险工业家的第一职责是判断项目是否能解决某一个实际问题，这个标准不再是想象力，而是这个产品是否能很容易地融入某一个生态系统中。

在 TMT 领域里，投资人追逐的是颠覆式创新，是独角兽公司，这些创业公司往往在创业初期就可以依靠资本独立成长，而且成长得非常快、非常大。所以风险投资家的判断标准往往是这个项目未来的想象空间和成长空间。

但是在工业互联网领域，因为工业的协作系统非常复杂，每个人都只能接触极小的一部分，所以这个领域基本是以微创新为主。而且这不仅仅是钱

的事，生产能力、渠道体系、供应链体系等都需要长时间的积淀，这些光用钱是解决不了的，所以工业领域的微创新通常支撑不了一家独角兽公司。

也就是说，工业互联网领域的创业很可能是不存在独角兽的，更多的是依靠创业公司的活力来解决具体问题，然后由大公司的并购完成生态系统的整合。所以一名风险工业家需要对工业互联网领域大公司的产品线有非常深入的理解。也就是说，比起风险投资人更关注创新一侧的趋势而言，风险工业家应更关注传统一侧的空缺。

拿兔哥自己来说，有些同行觉得兔哥不务正业，不花精力去搜寻项目，而是天天参加西门子、施耐德这些大公司的内部研讨会和技术论坛。这是因为兔哥的定位就是一名风险工业家，而不是一名风险投资人。兔哥不是在想象未来的趋势，而是关注当前市场领导者的技术和解决方案，思考其中缺少的插件，然后按照这个方向去寻找创业项目，通过资金和资源来推动项目快速增长，最终把它们插入到大公司的产品线里。这其实就是风险投资领域的C2B。

（2）大公司和创业公司协同创新的桥梁

工业互联网的创新既不能靠巨无霸，也不能靠独角兽，而必须由创业公司和大公司协作完成，所以这两种公司之间的信息流通就变得非常重要。工业企业，尤其是大企业，天然会封闭自己的信息渠道，在一个与外部隔绝的圈子里独立运作。大企业的天性是自己解决问题，或者找同等规模的企业解决问题，这就形成了一个信息孤岛。

风险工业家的另一个作用，就是作为创业公司和大公司沟通协作的桥梁，我们是半只脚在大公司里，半只脚在创业公司里。对于创业者而言，我们提供资金和行业资源；而对于大公司而言，我们协助他们构建企业的生态系统，让优秀的创业公司成为其生态系统的一部分。

（3）构建新的生态系统

传统的风险投资家每天都在想的事情是如何做好一个投资组合——选择赛道和跑得最快的车；而风险工业家每天思考的是如何构建一个生态系统，并且能够发生化学反应，这里面既包含创业公司，也有很多大公司参与。一个是分散资金，一个是组合资源，这是一个非常大的区别。

所以风险投资家需要深刻理解某一个细分领域，是专家型人才；而风险工业家，需要对工业互联网的每一个领域都有实际经验，是生态型人才。

比如兔哥自己之所以敢在这个领域中发声，不是因为专业能力强，而是因为职业生涯全。兔哥经历过自动化、机械、材料这三个领域的国际化大公司，以及互联网和投资两个领域的创业公司，在技术、销售、渠道、生产、并购、市场整个链条上都有面对实际问题的经验，并且同时熟悉大公司和创业公司的运作模式。所以兔哥才能跳出项目本身，去思考整个生态系统的构建。

总结一下

风险工业家是一个全新的社会分工，其身份界限是模糊的。对于大公司而言，风险工业家像是战略顾问；对于创业公司，又是投资人；而对于提供资金的 LP 而言，更像是一个合伙人而不是基金管理人。

传统 TMT 的投资方式和逻辑在工业互联网领域将被颠覆，风险工业家就是在这一新规则下诞生的新角色。风险工业家的核心任务不再是沙里淘金地寻找有想象力的创业项目，而是通过跨界身份促成创业公司和大公司的协同创新，并通过实业资本获得丰厚的回报。

我们在理解新事物的时候，总喜欢把它们类比成我们已知的事物，若按照这个思路，风险工业家是什么就很难解释清楚。不过在浩如烟海的历史中，也许只有那些无法被定义的新玩意儿，才是推动人类进步的力量吧！

尾声

——大时代下的小人物

当"女汉子"一词开始流行起来的时候，我想到了我的母亲，天下的女汉子都不如她，因为她是倔强且从不低头服输的钢铁女战士。从农村出来的母亲，坚信知识改变命运，让儿女一定要读大学、读研究生，一定要去北上广发展。她会用微信、QQ，会网购，也懂我最近接触的风投、创业，也能插话到我和哥哥聊的炒股话题里，甚至最近还开始学习使用打车软件。在经历了两次大的人生变故后，她坚持不退休，和父亲努力操持着加工动物饲料的小工厂，为自己赚取养老钱以及后续的用药花费。但坚强的母亲也不断遭遇着难题，比如小工厂的客源一直在萎缩，新的一年来了，效益依然不好怎么办？

母亲：柳女士　　年龄：62 岁　　职业：家庭妇女

往年过完大年初五，父亲和母亲操持的小工厂备货就基本会用完，紧接着初七会准时开工。

但今年，一大半备货还在。

物流、配送以及机器设备的落后，使得小工厂的效益早就大不如前。但夹在对未来的担忧中，母亲和父亲坚决不关掉工厂，他们没有退休金、社保、医保，哪怕赚一点点钱也是填补了每年的用药花费。

这个小工厂，已经历了两次关停又重开的命运。

父母的第一桶金

20 世纪 80 年代初，父亲和母亲把农村的土地承包出去，做起了养殖业的小生意。赚来第一桶金以后，他们升级产业，开起了小作坊，做动物饲料加工。

在父母的辛劳操持下，小作坊慢慢发展成了初具规模的小工厂。

这时候，父亲却突然得了一场重病。

因常年在外找客户，吃饭不规律，再加上喜欢喝酒，父亲的肝脏出了问题。医院给出的诊断是，肝脏已有硬化的趋势。

突如其来的病情让母亲一下子懵住了。当时她的第一反应是带着全家做了体检，确定家里其他人没事后，母亲决定关掉工厂，把所有精力投入给父亲治病。

她陪着父亲把省内省外最好的医院都找遍了。

其实哪怕是现在，肝病的治疗方案在全国大小医院依然是：只能控制病毒蔓延，无法完全康复。

母亲没有认输。

她每天搜索着电视上的专科医院广告，收听各种治疗肝病的广播，翻看报纸上一切能挖掘到的信息。

我当时上小学五年级，记忆里我跟着母亲去过无数的医院和巷子里的数不清的奇怪诊所。

印象最深的是，砂锅经常是一整打地往回买，因为家里常年需要熬制中药，砂锅坏掉的频率太快了。

不知道是哪一服药起了疗效，六年的时间，父亲的病被奇迹般地治愈了，甚至根本不需要服药控制病毒。

父亲病好以后，他们赶紧重新开张工厂。母亲感叹："没钱不行啊，病一次，大半辈子的积蓄都没了。"

2011 年，工厂的效益越来越不好，已经 57 岁的父母努力跟着新政策跑。

河北石家庄周边的区县是养牛集中地，当时养牛业开始实施牧场化管理。父亲和母亲挨家联系当地的牧场主，利用小工厂的价格优势，抓住了一些未完全改制成牧场模式的养殖客户。他们甚至投入资金更新了生产机

器，去适应牧场化管理的喂养方式。

但因没有足够的资金更换成完全机械化的大型设备，父亲和母亲前往山东一家大型颗粒机器生产地，定制了一台相对便宜的小型设备。

"女汉子"创造了奇迹

命运常会一次次地开玩笑。

父母的小工厂还没来得及使用新设备投入生产，母亲病了。

2012年上半年，当时我读研究生二年级，母亲盼着的孙子也即将出生了，一切看起来都很美好。

一天，母亲跟我打电话半开玩笑地说："我最近可不爱吃饭了，一个月瘦了10斤，这下不用减肥了。"

粗心的我竟然没有发现不对劲。

父亲不放心，带着母亲去医院做了检查。

医生给出的诊断结果是：爆发性肝脏衰竭，保守治疗的治愈率不到3%，最坏的打算是做肝脏移植，但医院不保证母亲的病况能等来匹配的肝源。

就像被狠狠地抽了一巴掌，我在地上蹲了半个小时，嗓子瞬间肿到发不出声来。

母亲刚刚学会了网购，给自己即将出生的孙子买了很多玩具、衣服；刚刚学会了使用QQ发状态，不厌其烦地去我的空间一遍遍地查看我的动向；甚至刚刚打趣地告诉我："等你上午毕业，下午我就和你爸把厂子关了开始养老。"

这次，父亲关掉了小工厂，全力为母亲医病。

母亲不想给我们带来负担，不想搭上所有的积蓄去赌一场未知的结果。

她甚至开始向所有来看她的亲属交代后事："记得照应这个没毕业的小

女儿。"

我也是在那时体验了生命里最无力和卑微的一段时光。那种无力是因为无论你怎样努力，结果似乎都不受控制。

我和哥哥每天躲在医院的不同角落里哭，哭完我们就把化验结果用签字笔改掉，再重新复印，然后拿给父亲和母亲，"快看，化验指标每天都在好转呢。"

其实，她什么都知道。

但她依然积极地配合医生的一切治疗，几十厘米长的针头扎到骨髓一声不吭，甚至在床上不能动的那几天她还会努力地逼着自己喝粥增强体质。

老天眷顾一切正能量的人。

在数次血浆置换的保守治疗下，母亲完完全全康复了，后续仅需要定期复查和服用抗病毒的药来保持，连她的主治医生都觉得这是个奇迹。

病好以后，母亲拒绝了去我们所在的城市（哥哥在广州，我在北京）生活的建议，再次把小工厂开了起来。

拒绝退休

这次过年回家，哥哥又提出接父母去广州生活的想法，母亲再次坚决拒绝了。

她拒绝的理由是，已经习惯了生活了 60 多年的家乡。

但其实我和哥哥都明白，母亲经常提到"某某叔叔阿姨有医保、退休金，看病基本不花钱"。她是觉得每年的复查和用药还是一笔不小的开支，而家里的小工厂的利润至少可以覆盖一部分。她也讲过无数个农村老家这样的案例，"因为老人一场大病，整个家庭就垮掉了。"

母亲和父亲是农村户籍，享受的是新农合报销。在 2012 年母亲住院的

时候，新农合基础上叠加了新农合大病医保，新农合三级医院报销范围50%，大病可以二次报销。

但实际上，母亲的多数用药均不在报销范畴内，比如把她救回来的主要药物：人血白蛋白、血浆等。对于这笔费用，父亲、哥哥我们当初瞒着她，谎称报销了一半多。出院后，她自己查了报销范畴，知道了一切。

今年正月，眼看着工厂的一大半货没有客户来定，母亲和父亲纠结着要不要换一台新的饲料加工设备，这样至少可能挽留一部分逐渐流走的客户。但他们又担心着，万一加大投入后效益依然不好怎么办？

我和哥哥没有再强迫母亲和父亲退休。

我们都心知肚明。只有我们努力工作赚钱，让她觉得这笔开销对于我们来讲微不足道的时候，她才会甘愿和我们住在一起……

这是我的一位朋友，《新京报》的郭记者与她母亲的故事。

我们嬉皮笑脸地讲了一本书的工业 4.0，一本书的未来黑科技，而在最后，我却要讲这样一个普通妇女的故事。

这就是我们自己的故事，大历史下的小人物。

生活里有柴米油盐，有家长里短，没有创业的鸡汤，没有风险投资的助力，没有政府的扶持，没有互联互通，没有高新技术。

也许她做的事情已经过时了，也许她的行业就属于要被淘汰的产能。

但是她艰难地支撑着一家小工厂，维持着一个家庭，仅凭着一点点的固执，一点点的坚持，亦步亦趋地往前走。

这就如电影《岁月神偷》中的那句台词："难一步，佳一步。"

这是中国制造的魂魄。

我坚信。

后记

——我在中国制造业看到了一个娱乐圈

在本书的最后，我们一起来看几个数字。

2013—2015 年，中国电影票房开始奇迹般地崛起，平均增速为 37.45%。

2015 年，全国电影总票房为 440.69 亿元，同比增长 48.7%。

2016 年 1—2 月，中国电影票房两个月就突破了 112 亿元，其中 2 月份票房近 69 亿元，首次超过北美市场成为全球第一。

1. 除了娱乐业，已经没有其他行业

说实话，一年前，兔哥根本不知道什么叫 IP，但今天它却成了我们每个人都在关注的商业现象，因为 IP 实在太火了。

上周我应邀去参加了一个影视制作和投资大咖们的小型闭门会议，分享一些自己对于影视 IP 行业的思考。

有人会问：兔子，你不是做工业互联网的吗？怎么改行搞电影了！

其实兔哥去参加这个影视会议，并不是因为我想涉足这个行业。

突然注意到影视圈，是因为我最近观察到了一个现象，就是中国社会正在悄然开启一次历史性的变革，它正在蔓延到整个中国社会的每一个毛细血管中，政治、文化、经济、教育……当然，也包含我们最传统的制造业。而影视行业的繁荣，其实只是这次变革的前奏。

这场变革，就是整个中国社会的泛娱乐化。

今天你会发现，不管是电影电视这种正宗的娱乐产业，还是以前一些跟娱乐完全不沾边的行业，都开始呈现出一种剧烈的泛娱乐化倾向。

从正宗娱乐产业来看，这两年最火爆的影视节目，比如《极限挑战》《奇葩说》《火星情报局》……这些纯娱乐属性的节目，在网上的观看量都轻松超过了一亿次。

而以往那些以艺术性为主、娱乐性为辅的影视节目，尤其是一些历史

正剧，已经很少出现在中国的荧幕上了。

有趣的是，即使是在以前完全不属于娱乐业的产业里，这个变化趋势也很明显。

学界的泛娱乐化

《财经郎眼》《吴晓波频道》《晓松奇谈》……这些火爆的节目背后的本质其实都是娱乐，而不是我们以为的学术。以前青灯古佛的专家学者如今每天都在忙着跑会、演讲、带着企业家出国旅游，这其实和娱乐圈明星走穴是一样的，每一场论坛、每一次演讲都是一次娱乐秀。

媒体的泛娱乐化

今天不管是新媒体、省级卫视还是传统报纸，都免不了经常卖个萌。甚至连人民日报和新华社，有时也无厘头地来一句"友谊的小船说翻就翻"。每一次公共事件都是一次集体狂欢，你翻开今天的媒体，会发现所有的信息都在以娱乐的方式呈现出来，无一例外。

连最传统的制造业也开始剧烈地泛娱乐化

关注雷军、董明珠这些人的新闻时，真的是在跟他们学习经商技巧吗？你只是在看他们今天又说了哪些尖锐出格的话，看格力小米的十亿元豪赌到底谁赢了，这跟追逐偶像组合其实是一样的，你只是在娱乐。

把华为的文章转了无数次，再加上几句"这才是真正的企业家！"之类的评论，真的是在深入研究华为的管理制度吗？

天天看着各种"专家"宣扬工业 4.0，呼吁工匠精神，解读中国制造2025 时，你真的是在思考中国制造业的未来吗？你只是不断寻找以前没听说过的新奇角度，然后欣欣然有满足感，然后第二天就全忘了……这跟听

评书没什么区别。

其实"工业 4.0"就是当下工业圈最大的一个 IP，它的衍生产品无数，但是有一点是确定的，你只是在娱乐。

兔哥有一个微信公号，里面有几万人每周二来看兔哥闲聊，洋洋洒洒几千字纵观古今中外，你以为我们是在做灵魂上的交流吗？不是，兔哥从第一天开始的定位就很明确，我其实就是个在制造业混娱乐圈的，我迎合的一直都是这个泛娱乐化的趋势，所以我才会成为中国工业圈的第一个"网红"。我只是在用传播技巧变着法地让你感觉到获得新知识的满足感，但其实你自己什么都没有思考过，你只是在娱乐！

模糊

娱乐业和非娱乐业的分界线变得越来越模糊，人的行为方式也变了。大家把更多的注意力转向了如何让自己变得更上镜、更吸引眼球。

2. 娱乐是偶然，也是必然

至于这个泛娱乐化的成因，我倒不认为是道德沦丧，主要还是技术发展和社会特性造成的。

首先，互联网技术的发展，导致人类交流的方式改变了。

在古代，信息的传递必须要依靠交通来完成，这个成本是很高的，所以当我传递给你一个"会猎于江东"的信息时，一定是期望一个"我们在江东见面"的结果，因为信息与行动总是相匹配的。而随着通信技术的发展，从电报、电话到互联网，"交通"和"通信"被分离开来，空间不再是信息传播的障碍。我们用互联网把北京和西雅图两个地方连接在一起，使信息传递的成本降为零，实现了人类历史上最伟大的创新。

等等，我们可能忽略了另一件事，一件重要的事，就是北京和西雅图之间可能并没有那么多重要的信息需要交流！

互联网使得信息能够脱离对应的行动独立存在，也就是说，信息的价值不再取决于它对社会行动的实际作用，而是取决于它是不是新奇而有趣。在人类历史上，人们第一次开始面对信息过剩的问题，互联网把过剩的信息变成了一种商品，一种可以没有实际用处，但却能进行买卖的商品。这些信息将不再需要我们采取任何对应的行动，它们只供我们娱乐就好。

比如你天天都在看新闻，感觉自己很关心时事，那么如果我问你：

对于解决叙利亚冲突你准备采取什么行动？

对于医疗改革和莆田系的治理你有什么计划？

对于解决中国经济下行、失业和制造业转型升级的问题你有何高见？

对于台海问题、中美关系问题、日本右翼崛起问题、朝鲜核问题、同性恋遭受的歧视、工匠精神的缺失，你准备怎么解决？

我可以替你回答——其实你什么也不打算做。

当然，你也可以像兔哥一样做自媒体，你可以提出自己的意见，不过主流媒体会先把你的意见淹没在相似的意见中，然后再把这些意见的集合变成另一则新闻。

这样，我们就陷入了一个死循环：你心里有很多想法，但你除了把这些想法提供给记者制造更多的新闻之外，无能为力；然后，面对你制造的下一个新闻，你还是无能为力。

所以结果就是，我们不要费脑子去管行动的事了，我们娱乐一下自己就好了。

其次，电视和网络视频的产生，把信息内容呈现方式改变了。

在过去，信息的远距离呈现方式只有一种，就是文字。

公众人物被人们所熟悉，不是因为他们的长得好看，也不是因为他们的演讲能力好，只能是因为他们的文字深刻优美。因为那个年代，李白杜甫即使走在大街上，也没有人会认出他们是谁，所以科举才会只考文章，因为它太重要了。

文字是一种抽象的符号，读者在看的时候，是没有多少美感或归属感的，作者在读者心中也很难建立起具象的魅力人格。而且在读书的时候，你基本是一个人独自面对文字，你的反应是孤立的，不会受到群体的感染和影响，所以你只能依靠自己的智力去思考。

这些技术特性都导致文字的作者必须要逻辑严谨，言之有物，经得起读者的反复思考和推敲，一点都糊弄不得。

但是当电视和网络视频产生后，这个情况就被根本上颠覆了，因为信息的呈现方式变了。

"电视"和"视频"都是用来"看"的，它们致力于为人类提供视觉的快感。所以理性的讨论不可能出现在视频画面中，因为在理性思考过程中，观众没有什么好看的。思考是严肃逻辑，而电视和视频需要的是表演艺术。表演艺术真正需要的是掌声，而不是反思。

在这种新的内容呈现方式下，娱乐就成了必然选择。

第三，就是中国历史阶段的特殊性。

这个从文化产业来看就非常明显了。

在过去，中国的文化产业是"在意识形态主导下的艺术"，娱乐的功能被放在了最不重要的底层。我们熟悉的主旋律作品都是这类作品。但是随着改革开放的深入，意识形态不断淡化，按照正常的发展，中国的文化产

业会在资金的介入下，变成艺术主导下的娱乐。

但是由于需要通过审查，投资人为了确保投资安全，就更喜欢支持偶像剧、搞笑剧、综艺节目这种离艺术形态越远越好的作品。

当今中国的文化创意产业变成了"娱乐主导下的艺术"。这就使中国的泛娱乐化倾向格外剧烈，用极短的时间就从文化产业蔓延到了整个社会，甚至是制造业中。

不过这也带来了另外一个问题，意识形态和艺术其实并不是非常矛盾的，苏联和美国好莱坞众多伟大的电影都很好地把意识形态和艺术融合在了一起。但是娱乐与艺术却是存在根本矛盾的，我们看到众多中国导演每天纠结于拍商业片还是艺术片，学者纠结做学问还是秀学问，制造业纠结于闷头改进工艺还是追炒工业 4.0，这都是来自于这个中国社会泛娱乐化的内生矛盾。

因为上面这三个原因，泛娱乐化在中国既是偶然，也是必然。

3. 口红效应

说到这里，如果你认为今天兔哥写这篇文章是为了批判制造业的泛娱乐化，感慨人心不古，那你就大错特错了。

怎么可能！我就是制造业里混娱乐圈的啊！

对社会现状做道德审判，从来就不是兔哥的逻辑，我的逻辑是"存在即合理"——既然泛娱乐化是一种趋势，那它就不是我们呼吁几声就能逆转的，我们真正要思考的，是在这个制造业泛娱乐化的趋势下，可能会出现哪些机会。

口红效应

我们都有一个普遍的感性认知，就是每当经济衰退时，人们为了逃

避残酷的现实生活，都会通过各种娱乐方式来排解内心的苦闷，这就使所有行业都以追求娱乐为目标。在美国、英国、日本、韩国这些发达国家，都是在经济萧条时完成了社会的泛娱乐化。中国在 2012 年开始暴露出严重的经济问题，2013 年影视行业就奇迹般地崛起，也是这个泛娱乐化倾向的作用。

这种泛娱乐化下的新商业规律，在经济学上被称作"口红效应"，这是一种特殊的消费现象，也叫作"低价产品偏爱趋势"。

美国的经济学家发现，每当经济不景气的时候，口红的销量反而会飙升。

这是为什么呢？

原来在美国，人们普遍认为口红是一种比较廉价的消费品。经济虽然不景气，但人们仍然会保持强烈的消费欲望，贵的东西不敢买，自然只能去买比较便宜的。口红作为一种"廉价的非必要之物"，兼具廉价和粉饰的作用，能对消费者带来"心理安慰"，尤其是"当柔软润泽的口红接触嘴唇的那一刻"。

口红效应在 20 世纪 30 年代美国大萧条时被提出，后面又被不断地验证。比如 2008 年世界金融危机一开始，口红、面膜的销量就急速上升，而做头发、做按摩这种"放松消费"也很有人气。法国欧莱雅公司、德国拜尔斯多尔夫股份公司和日本资生堂公司等，都是在这个阶段迎来了大发展。

历史呈现给我们的规律是，当经济衰退、社会泛娱乐化时，奢侈品、高档品的需求和消费将被消减，房地产、汽车、钢铁、造船、石化、有色金属、高端装备制造等，这些行业即便有"中国制造 2025"撑腰、有"工业 4.0"忽悠，也都只是自娱自乐而已，它们是无力回天的。

同时，按照美国的经验数据来看，一旦泛娱乐化开启，人们的硬需求

就被廉价的软娱乐所填补，所以新能源汽车、高质量的消费品、定制化产品这些代表"中产阶级消费升级"的商品也会急速衰退。

你发现了吗？这跟国内许多人鼓吹的"消费升级时代到来"是完全相反的！泛娱乐化的开始，恰恰意味着中产阶级消费升级的趋势被终结。这件事可能从 2016 年开始发生。

新的机会

塞翁失马，福祸相依，泛娱乐化下的口红效应，其实也会带来一些新的商业机会。

文化产业

人们的闲暇时间增多，网络便成为最低成本的消磨时间的工具，视频网站、社交软件、网络游戏、电影，这些花小钱消磨大时间的产业都会出现阶段性的繁荣。

服务业

日本经济衰退时，高档服装滞销，但是修鞋补衣服的铺子却火起来了。而在韩国经济不景气的时候，鲜艳色彩的衣服非常流行，并且铺子里把衣服改成短小和夸张款式的需求大幅增加。再就是格子铺，这种源自日本的二手商品潮流店铺，也曾在经济萧条时迅速风靡整个亚洲。也就是说，经济衰退时，兼具"潮流+省钱"的服务业会兴起。

比如兔哥自己，我只是个写字的，如今却有很多企业家愿意花几万块让我陪他聊一两个小时，你以为我真的是在为他们做商业咨询吗？其实他们只是希望花点小钱赶个时髦，通过我从 500 多家创业公司提炼出来的新奇的商业方法，用转型的希望来麻痹自己，排遣生意不好的苦闷。我之所以不像其

他专家那样西装革履、正襟危坐，是因为我做的从来就不是 2B 的咨询生意，而是 2C 的娱乐生意。这是一个全新的业态，我把它叫作"娱乐制造业"

轻工业

经济衰退会让大量中产阶级的收入降低，这样首先被削减的是那种大消费，比如买房、买车、出国旅游，但是这样人们手中反而会出现一些"小闲钱"，正好去买一些"廉价的非必要之物"，比如置办一些小家电、添几件新衣服、皮鞋，买口红，看电影……同时，很多女白领为了保住饭碗，纷纷突击怀孕，"危机宝宝"的出生就会带动婴儿服装及相关用品的销售。

这一切，都会导致特定消费情境的轻工业繁荣起来。

总结

总结起来，在泛娱乐化的趋势下，重工业会衰落，轻工业、服务业和文化产业的需求反而会增强。而能够迎来繁荣的产业，都要满足以下三个条件：

一、商品本身除了实用价值外，要有附加意义。

二、商品本身的绝对价格要低。

三、商家要充分利用情境来引导消费者、引爆消费欲望。

如果你做的事情刚好符合这三个特征，那么恭喜你，这将是属于你的时代。

4. 娱乐着做工业

最后，兔哥想重复一下前面提到过的人类历史上的一个很有趣的规律，就是科学跟文化不是平行的，而是交替牵引社会前进的。

科学大繁荣的时代，人们都忙着寻找新机会赚钱，文化就会衰落，知识分子就会感到孤独，中国的前 30 年就是如此。

当科学停滞不前时，人们就开始用娱乐消减苦闷，文化就会大繁荣，今天的我们就在经历这个过程。

不过娱乐的发展其实并不是坏事，因为娱乐会溶解我们被经验死死框住的思维，会让年轻人有机会获得上升阶梯，然后这个繁荣的文化就会牵引下一次技术革命。

我们从更远的距离来看人类的历史。在每一次工业革命前的 10—30 年里，都会有一次文化大繁荣，而在最近的一次工业 3.0 发生之前的 30 年里，正是美国的泛娱乐化时代。就在这段娱乐至死的年代之后，PLC 和计算机被发明出来，彻底改变了人类的历史。

所以今天我们可能有必要研究一下娱乐业的运作方式，不是要去做影视，而是要把影视运作的方案降维到工业中来，像做娱乐一样做工业。

也许我们的制造业除了需要互联网思维之外，还真的需要一点娱乐思维。

20 年后我们再回过头来看，其实本书也不仅仅是一本科技读物，而是一个历史性的事件，因为它开启了中国制造业开启泛娱乐化的趋势。

我想，当下的工业 4.0 可能只是制造业泛娱乐化的幻象而已，但在这一次泛娱乐化之后，我们也许就会迎来真正的第四次工业革命吧！

因为机会从来不在任何一个行业专家的眼里，机会只会在两个行业的中间，那个你看不清、看不懂、看不起的地方。

所以对于那些看不清、看不懂的东西，我从来都不敢看不起。

娱乐不会至死，娱乐只会让你重生。